CORSO

KATJA BÜLLMANN

APULIEN

Typen, Träumer, Lebenskünstler:
Land und Menschen
an einem Rande Europas

Mit Fotografien von Giovanni Troilo

CORSO

Für Emma

Seit Jahren lebe ich in Apulien und lerne Land und Leute jeden Tag ein Stück besser kennen, habe eine neue Heimat und Freunde gefunden.

Zurückzukehren nach Deutschland, kann ich mir nicht mehr vorstellen: Die Wärme, die Herzlichkeit und Menschlichkeit, die ich in Apulien gefunden habe, sind unvergleichlich. Und die Authentizität, die sich dieser Landstrich bewahrt hat, ist es ebenso.

Apulien vereint Gegensätze, ist in mancher Hinsicht beinahe rückständig, zugleich aber hochdynamisch, stellenweise sehr modern. Aber eben: *Le Puglie* sind bei alledem echt geblieben. Das ist – natürlich – seinen Menschen geschuldet.

Durch sie habe ich manches verstanden, was diese Region ausmacht. In ihren Geschichten steckt beides: unverwechselbare Individualität und das Verharren in altbekannten, über viele Generationen tradierten Mustern.

So ähnlich und so unterschiedlich wie die in diesem Buch vorgestellten Menschen ist Apulien. Und ich glaube, ihre Geschichten erzählen mehr über den äußersten Süden des Landes als mancher Kulturführer.   KATJA BÜLLMANN

STERBENDES IDYLL

ANTONIO COMES ist 34 Jahre jung und Kleinfischer, wie es sie seit jeher in Apulien gibt. Traditionsreich ist sein Beruf. Und am Sterben.

Bettlaken in ausgewaschenen Pastelltönen flattern vor Hauswänden. Aus einem Transistorradio dudeln Fetzen süßlich-blecherner Werbejingles, dazwischen italienische Schlager. Quer über den Hof, von Balkon zu Balkon, fragt eine Alte die andere, was es zu Mittag gibt. »Die Pasta steht schon auf dem Herd«, ruft die eine, »die Familie ist auf dem Weg hierher.« – »Buon pranzo, allora«, ruft die andere. Alltag in Monopoli, einer knapp 50.000-Seelen-Gemeinde in der Provinz Bari, vom Tourismus bislang kaum berührt, was ein bisschen verwundert, schon des außergewöhnlichen Namens wegen. Der stammt aus griechischer Zeit, als das damalige Dorf noch dem zu jener Zeit wichtigeren Egnatia angehörte: »Einzige Stadt« bedeutet er. Im Jahre 545 wurde Egnatia durch den Ostgotenkönig Totila zerstört, dessen Einwohner flüchteten ins nur wenige Kilometer entfernte Monopoli. Normannen, Byzantiner, Staufer kamen und gingen über die folgenden Jahrhunderte. Als die Republik Venedig die Stadt unter ihre Kontrolle brachte, wurde ihr Hafen zu einem zentralen Knotenpunkt für den Handel.

Der Hafen sollte Monopolis wichtigstes Kapital bleiben und die Fischerei über lange Zeit Haupteinnahmequelle für einen Großteil der Bevölkerung. Rein äußerlich hat sich nicht viel verändert in den letzten 100 Jahren. In glasklarem Wasser liegen Boote von sechs bis zehn Meter Länge, bessere Nussschalen, die für diese Art der Kleinfischerei seit jeher verwendet wurden. Einige ruhen für Ausbesserungsarbeiten an Land, die meisten jedoch sind fertig zum Auslaufen, bestückt mit Netzen, Werkzeug – wenigen, aber nützlichen Dingen. Ein Postkartenmotiv: der Blick durch das kaum mannshohe, von Madonnenstatuen, Blumen und Kerzen ausgeschmückte Portal in den alten, piekfein sauber gehaltenen Hafen hinein. Ein pittoreskes Bild, zu schön und idyllisch, um wahr zu sein.

Tatsächlich entbehrt die Kleinfischerei, eines der ältesten Gewerbe der Welt, heute jeder realistischen Grundlage. Eine Lizenz kostet um die 20.000 Euro, was unter normalen Umständen kaum aufzubringen ist. Wer heute noch ausfährt – in Monopoli sind es rund 50 Boote – hat die Lizenz entweder geerbt oder hat reiche Verwandtschaft irgendwo im Norden. Der Beruf des Kleinfischers, der ausschließlich damit seinen Lebensunterhalt bestreitet, steckt in der Krise.

Üppige Bougainvilleazweige ranken bis hinein in die Garage, wo Antonio, 34, und Vincenzo, 65, auf Holzschemeln sitzen und an ihren Palangari-Netzen spinnen, Langleinen-Netzen, die im Mittelmeerraum genauso zum Einsatz kommen wie in Südamerika. Der gestrige Fang war respektabel, erzählt der Ältere, der schon ein halbes Leben lang mit dem Vater des Jungen fischen war und seit dessen Tod mit Antonio ausfährt. Er ist sichtlich stolz auf die gut zehn Kilo, die sie von Bord der »Giulia« gehievt und in den frühen Morgenstunden in die *pescheria* unten am Hafen getragen haben. *Dentice*, Zahnbrasse, *scorfano*, Roter Drachenkopf, *sarago,* weiße Königsbrasse oder Dorade, dazu einige Makrelen, Seeteufel, Kabeljau. »Fast wie in alten Zeiten«, brummt Vincenzo in seinen Stoppelbart.

Antonio, der Junge, bleibt einsilbig. Er hasst es, Details über einen Job zu erzählen, der kaum geeignet ist, seine Familie über Wasser zu halten. Einigen, die neugierig nachfragten, wenn er mit Vincenzo von Bord ging, hat er schon gehörig die Meinung gesagt. »Was wollen sie hören, die Leute«, ruft er aus. Fischer zu sein heißt heute vor allen Dingen, Opfer zu bringen. Er hat es sich nicht ausgesucht, so wie andere einen Job ergreifen, wenn sie erwachsen sind. Als der Vater starb, vor sieben Jahren, war kein anderer da, der die Tradition fortführen hätte können. Da war das Boot, war der Partner, eine gewisse Grundlage – und kaum Alternativen. Sein älterer Bruder Gianni, derjenige mit dem eigentlichen Fischer-Gen oder zumindest einem Gutteil mehr an natürlicher Begeisterung, lebte und arbeitete als Restaurantmanager seit vielen Jahren in Deutschland. Er hätte das alles niemals hingeworfen für eine Zukunft wie diese, eine Zukunft, die eigentlich keine ist. Gianni fährt mit ihm raus, wenn er auf Besuch ist, schwärmt dann ein paar Tage mit leuchtenden Augen davon, wie schön und sorglos das doch sei und wie sehr ihm das alles fehle in München. Dann ist er wieder über alle Berge.

13 Prozent des gesamtitalienischen Fischfangs stammen aus apulischen Gewässern, mehrheitlich aus Manfredonia und Gallipoli, gefolgt von den Provinzen Bari und Molfetta, was für sich genommen beachtlich ist. Doch das Gewerbe liegt im Sterben, der Umsatz sinkt stetig und unaufhaltsam. Die Konkurrenz aus dem Ausland ist zu groß geworden, qualitativ guter, preislich deutlich niedrigerer Fisch aus Afrika und Asien macht den Markt für die traditionelle Kleinfischerei wie die von Antonio und Vincenzo obsolet. Tag für Tag ein Stück Lebensgrundlage weniger, und doch

machen sie weiter, mit Gleichmut: im Sommer wenigstens fünf von sieben Tagen, es sei denn, das Wetter macht ihnen einen Strich durch die Rechnung.

Nicht, dass Antonio nichts anderes versucht hätte: Ein, zwei Alternativen hat er ausprobiert, ehe er sich tatsächlich entschied, Fischer zu werden. Unvergessen bleibt der vielversprechende Job als Verkäufer in einem Möbelladen, erzählt er und lächelt: gesichertes Einkommen, geregelte Arbeitszeiten, und das alles von zu Hause aus zu Fuß erreichbar. Antonios Ehefrau war begeistert und er selbst zu allem bereit. Nur, um sich knapp drei Monate lang sprichwörtlich dabei zuzusehen, wie er innerlich austrocknete. Ihm fehlte die Luft zum Atmen, das Wasser, die Nähe zum Hafen, erinnert er sich.

Er konnte nicht zwölf Stunden lang Sofas und Betten verkaufen mit nichts als dem Feierabend in Aussicht. Die Mutter drängte ihn, die Familientradition fortzuführen, wenigstens er, ihr kleiner Junge! Es verstehe sich von selbst, dass sie in Antonios

Elternhaus wohnen bleiben dürften, mietfrei. Er hat noch am selben Tag gekündigt und ist dort nie wieder aufgetaucht, sagt er. »Fischer zu sein, suchst du dir nicht aus.« Antonio ist überzeugt, dass sein Schicksal längst besiegelt war.

Er weiß, dass er eines Tages wohl oder übel aufgeben und sich etwas anderes überlegen muss. Von 20 bis 25 Euro Tagesverdienst zu leben, ist täglich aufs Neue eine Herausforderung. 25 Euro haben sie pro Kopf übrig behalten gestern, netto, nach Abzug der Kosten, und das war ein guter Tag. Vincenzo hat Glück: er lebt allein und kommt damit aus. »Die Lebenshaltungskosten in Monopoli sind überschaubar«, sagt er, »Lebensmittel und das Nötigste kosten nicht viel, und was macht ein alter Mann wie ich noch für große Sprünge?«

Antonio dagegen muss sich, seine Ehefrau und den dreijährigen Sohn davon ernähren. »Wie soll das gehen?«, fragt er sich achselzuckend und gibt sich dann umgehend selbst die Antwort: »Es ist so gut wie unmöglich.« Seit einiger Zeit geht seine Frau putzen, weil es vorn und hinten nicht reicht. Nur gut, dass das Haus der Familie gehört. Gut auch, dass die Mutter im Haus ist, die einzige Frau in seinem Leben, die seinen Job versteht, sagt er. Die nachts aufbleibt, bis sie ihn kommen hört, die ihn auffängt nach langen Tagen mit viel Arbeit und wenig Schlaf. »Unbezahlbar«, sagt er über die eine Frau im Haus und schimpft im gleichen Atemzug über seine Ehefrau, die die Fischerei bis heute für einen hübschen Männerzeitvertreib hält, eine willkommene Gelegenheit für die »Jungs«, zwischendurch mal von zu Hause zu verschwinden. Dass der Frust über schlechten Fang, schwierige Konditionen und miserable Bezahlung die Männer genauso drückt wie sie, blendet sie aus.

Vincenzo war noch nicht zu Hause, seit sie wieder zurück an Land sind. Sein Magen knurrt hörbar. Nach zehn Minuten erhebt er sich, öffnet die Schublade, in der ein kleiner Haufen 10- und 20-Euro-Noten zusammengeknüllt unter allerhand Kleinkram liegen, nimmt sich ein, zwei Scheine heraus und macht sich auf den Weg zum Essen. Auf eine Zigarettenlänge bleibt er noch in der Tür stehen, dann grüßt er in die Runde und verschwindet.

Auch Antonio wird gleich seine paar Sachen zusammenpacken, zu Hause etwas essen und es genießen, für ein paar Stunden seinen Sohn um sich zu haben, auch wenn das bedeutet, dass er vor der nächsten Fahrt kein Auge mehr zumacht. Natürlich ist alles vorbereitet, wenn sie ausfahren, die Langleinen liegen fein säuberlich vorsortiert in einem blauen Plastikbottich. Aber auch an Bord kommt er nicht wirklich zur Ruhe: Vincenzo wird den Motor bedienen und er die Netze ausbringen. Währenddessen ruft seine Frau zehnmal an, fragt, wann der Ehemann denn endlich wieder an Land kommt. Er fühlt sich hin und her gerissen zwischen den unterschiedlichen Rollen und kann es doch niemandem wirklich recht machen. Dass sich etwas ändern muss und er dafür verantwortlich ist, was aus ihnen allen wird, zehrt nicht nur am Nervengerüst des jungen Fischers. Antonio wiegt keine 60 Kilo bei einer Körpergröße von fast 1,80 Meter.

Sein Lieblingsmoment des Tages ist frühmorgens, nachdem sie den Fisch in der *pescheria* abgeliefert haben, erzählt er. Mit ein paar Euro in der Tasche steuern sie beide dann schnurstracks ins *caffè* nebenan, trinken *caffè ristretto,* essen ein warmes Hörnchen dazu und lassen den letzten Fang Revue passieren, während in Monopoli der Morgen graut. Die Strömung war zu stark, das Wasser streckenweise schmutzig, zu viele Kollegen in allernächster Nähe. Gott sei Dank gibt es eine Menge guter Gründe, warum auch dieser Fang nicht ihr Fang des Lebens wurde. Glück? »Gibt es nicht für Fischer«, sagt Antonio. »Es ist ein Handwerk wie viele andere, dein Erfolg hängt von deiner Handfertigkeit und

Erfahrung, nicht zuletzt von einem vertrauenswürdigen Partner ab. Glück? Nein«, Antonio schüttelt den Kopf. »Auf mein Glück würde ich mich in der Fischerei nie verlassen.«

»Wer weiß«, sagt er, ehe er die Tür zur Garage hinter sich anlehnt, um zum Essen zu verschwinden, »vielleicht mache ich eines Tages selbst eine *pescheria* auf.« Davon gibt es zwar schon eine ganze Reihe in Monopoli, aber er hätte schon die eine oder andere Idee, sich von der Konkurrenz abzugrenzen. Das könnte auch ein Business für sie beide werden – und die Ehefrau müsste nicht mehr putzen gehen. Nur in diesem Segment seien noch Margen drin, sagt er, gegen den Verkaufspreis seines Fisches am Tresen ist sein Verdienst blanker Hohn.

Warum nicht als Fischer mit dem *pescaturismo* anfangen, wie es viele seiner Kollegen in der Umgegend, etwa im Hafen von Torre Canne, bereits seit einigen Jahren mit Erfolg praktizieren? Urlauber mit an Bord nehmen, sie zusehen und mit anpacken lassen bei einem Fang, den einen oder anderen Fisch frisch an Bord filettieren und mit etwas Olivenöl, Salz und Pfeffer zum spontanen Probieren zubereiten, als Sashimi alla Pugliese …? »Eine wunderbare Idee«, sagt Antonio. »Aber nicht für mich.« Er klimpert mit ein paar Münzen in seiner Hosentasche. Ganz abgesehen davon, dass die Lizenz dafür kaum zu bezahlen sei, sei er offen gestanden auch ein bisschen zu träge, dieses neue Business von null auf hundert anzuschieben. Um was man sich da nicht alles kümmern müsste! Versicherungen, Schwimmwesten und was nicht noch alles. Ihm macht das Angst. Selbst wenn damit auf lange Sicht sicher mehr zu verdienen wäre, denn der Tourismus boomt in Apulien. Wer weiß, ob es gutginge. Wer weiß, ob er dann glücklicher wäre. Wer weiß, ob ihm dieses Business irgendwann ebenso in Fleisch und Blut überginge wie das des Fischers. *Chi sa?*

EINE KOMPOSITION
ARABISCHER NOTEN UND
BALKANISCHER KLÄNGE

NICHI VENDOLA ist 52 Jahre alt und Präsident
der Region Apulien. Er versucht, auch in der Politik
seinen Traum von Offenheit zu leben.

»Ich habe einen Traum. Einen Traum von Mittelmeer, von Felsen
und Salz, nach wildem Rosmarin duftend, klar, smaragdfarben,
bläulich. Einen Traum, der sich in den Wellen, der Gischt, in den
Geheimnissen des Meeres verliert. Es ist ein Traum von Vermischung:
eine Komposition arabischer Noten und balkanischer Klänge; dazu
Griechisches – wie die weißen Steine von Otranto – und Proven-
çalisches – wie in den Klängen des Apennins. Ich träume den Traum
eines friedlichen Miteinanders, von gegenseitiger Bereicherung bei
aller Andersartigkeit, von einem Zusammenleben, bei dem alle Beteiligten gewinnen. Genau hier, an diesem Ort der Erde, der so reich
ist an Erzählungen, ein Ort, der von Kreuzung und Vermischung der
Kulturen nur so strotzt. Wo Männer und Frauen kamen und gingen,
Kaufleute und Pilger ihre Wege kreuzten auf antiken Straßen, wo
schwarze Madonnen aus dem Orient zusammen mit Gewürzen und
Sklaven von den Schiffen geladen wurden. An diesem Ort, mit Land-
strichen, die nach der Tomatenernte abgefackelt werden, und Ecken,
in denen Zwiebel- und Honiggeruch auf wundersame Weise eins
werden. Für mich ist dieser Traum immer mit diesem Meer verbun-

den – oder mit diesen Meeren. Mit den Seeleuten, Eroberern und Migranten, die diese Meere unablässig überquert haben. Man vergisst hier keine noch so kleine Geschichte zwischen ägäischem und ionischem Meer. Hier treffen die vielen Versprechen, herausgesprudelt aus dem Taufwasser unserer Alles-ist-möglich-Kultur, auf Hoffnungen: die Hoffnungen der Armen, Außenstehenden, Flüchtlinge und Flüchtigen, für die dasselbe Meer allzu oft ein Friedhof geworden ist. In den politischen und medialen Kriegen unserer Tage fehlt die Zeit, sich um die Angelegenheiten und Leiden der anderen zu kümmern.

Mein Traum beginnt, wo dein Alptraum aufhört, möchte ich dem namenlosen Einwanderer zurufen, der sich im Laderaum von Piraten versteckt hält, der um nichts weiter als sein blankes Leben bittet und kaum mehr den Atem hat, mir seinen zu erzählen: seinen persönlichen Mittelmeertraum.«

Als Nichi Vendola, Präsident der Region Apulien, im Sommer 2010 diesen Text verfasst, kann er nicht ahnen, mit welcher Geschwindigkeit sich die weltpolitische Lage verändern, Nordafrika zum Pulverfass werden und das Thema »Migration« vom Dauerbrenner zur hochbrisanten Tagesaktualität werden würde. Seit Anfang 2011 strandeten rund 17.000 Flüchtlinge auf der Insel Lampedusa. Mit Beginn der Auseinandersetzungen in Libyen verschärfte sich die Situation um ein Vielfaches. Manduria, das größte von drei Auffanglagern in Apulien, wohin die Flüchtlinge aus Libyen, Tunesien, Eritrea und Somalia gebracht werden, droht aus allen Nähten zu platzen, in der Provinzhauptstadt Bari kommt es fast täglich zu Unruhen.

Während man sich in Rest-Italien einig darüber ist, dass man die Einwanderungswelle schleunigst bremsen und Staaten wie Tunesien gegebenenfalls finanziell unterstützen müsse, um effek-

tivere Grenzkontrollen durchzusetzen – diskutiert wird unter anderem die Idee, jedem Migranten 1500 Dollar in die Hand zu drücken, wenn er sich nur gleich wieder auf den Rückweg macht –, ist es für Vendola eine Frage der Menschenwürde, Flüchtlingen vorübergehend Schutz vor Verfolgung zu gewähren. Solange nicht klar ist, ob es sich bei den Flüchtlingen um Asylbewerber handelt, will er Apulien offen halten, ließ er aus Manduria verlauten. Apulien war immer gastfreundlich, *accogliente,* und mitmenschlich. »Wie kann man zwischen Illegalen und Flüchtlingen unterscheiden?«, entgegnet Vendola auf die xenophoben Strömungen im Land.

Vendola ist stolz auf den kulturellen Reichtum seines Landes, ein Erbe jahrhundertealter, bewegter Geschichte. »Wir waren immer eine Drehscheibe zwischen Nord und Süd, aber auch zwischen Orient und Okzident«, ist von dem Baresen zu hören. Das

ehemalige Jugoslawien, Griechenland und Albanien sind näher als Rom; von Bari aus stachen einst die Kreuzfahrer in See.

Dass die Einwanderungsfrage für ihn alles andere als abstrakt ist, hat er mit einem Regionalgesetz von 2009 bewiesen. Es garantiert Migranten das Recht auf Integration – ganz konkret auf soziale Teilhabe, etwa durch Zugang zum Wohnungsmarkt, zu Schulbildung und Berufsausbildung, zu Bankkrediten und medizinischer sowie sozialer Betreuung. »Die Migranten produzieren gesellschaftlichen Reichtum in unserem Land«, hat Vendola bei Verabschiedung des Gesetzes all denen zugerufen, für die Einwanderung eine soziale Bedrohung darstellt. Einwanderung als »Ressource, eine Ressource, die wir pflegen müssen, anstatt die Ärmsten weiterhin zu kriminalisieren«: Angesichts der aktuellen Entwicklungen ist fraglich, ob diese Haltung auf Dauer mehrheitsfähig ist. Vor den politischen Tatsachen kann auch ein Idealist wie er nicht die Augen verschließen; die offizielle Arbeitslosenrate in Apulien liegt weit unter der Zahl der tatsächlich Beschäftigungslosen, Schwarzarbeit ist weit verbreitet. Bereits 2010 setzte die Regierung Kürzungen durch, von denen Sozialleistungen wie etwa auch Arbeitslosenunterstützung betroffen sind.

Die Einwanderungsfrage wird nun zur Nagelprobe für eine Mitte-Links-Regierung, die sich ihre Meriten bisher vordergründig in Sachen Umweltschutz, erneuerbare Energien sowie mit der gezielten Förderung junger Industrien in Apulien verdiente. Dort hat Nichi Vendola bereits eine Menge erreicht. Vor allem hat er Voraussetzungen dafür geschaffen, die Abwanderung qualifizierter Kräfte gen Norden und ins Ausland einzudämmen und Investitionen zu erleichtern. Eine beeindruckende Imagepolitur einer Region, die lange als strukturschwach, wenn nicht als das Armenhaus Europas galt, das gestehen ihm selbst Kritiker zu. Auch sein beherztes Eintreten gegen Mafia und Ausländerfeindlichkeit er-

zielte Achtungserfolge, ebenso wie die Förderung regionaler Kultur, von Film- und Musikfestspielen, die italienweit auf überaus positives Echo stießen.

Die junge Generation verehrt den Präsidenten wie einen Popstar, die Intellektuellen und Künstler weiß Vendola hinter sich. Dabei hat er, wie ein Reporter von der israelischen Tageszeitung *Haaretz* schrieb, das Charisma eines Hobbits aus *Herr der Ringe*: klein und äußerlich eher unauffällig (bis auf den silbernen Ohrring und den obligatorischen Nadelstreifenanzug), dafür wendig und heldenhaft.

2010 wurde der, der den apulischen Mezzogiorno wider alle Prognosen im »Husarenstreich« eroberte, für weitere fünf Jahre im Amt bestätigt, der politische Arbeiter, der *terrone*, der »Erdfresser« aus dem Süden, der Kommunist, der Schwule, der Andersartige: ein »unmöglicher Typ«, wie die *taz* feixte. Vendola ist stolz darauf.

In einem Land, in dem Konformismus zur Religion geworden ist, ist alles Zukunft, was nicht konform ist. Widerspruch ist sein Markenzeichen – er lebt seit 52 Jahren gut damit. Der heilige Nicola ist der Schutzpatron von Bari, »Nichi« ist aber auch eine Reminiszenz an Nikita Chruschtschow – hier ist der Name Programm.

Vendola, der Führer der kleinen Partei SEL (*Sinistra Ecologia Libertà* – Linke Ökologie und Freiheit), der Schöngeist, Philosoph und Literat, gilt derzeit als stärkste Stimme der italienischen Opposition. Mit ihm ist Apulien leuchtendes Beispiel für ein anderes, ein besseres Italien: *Le Fabbricche di Nichi* (»Nichis Workshops«) haben soeben ein Buch mit demselben Titel veröffentlicht, ein beeindruckendes Politmanifest mit zahlreichen Beiträgen und Zitaten Prominenter: kreative Ideen, wie man Italien aus dem Sumpf der Korruption ziehen und mit neuen Ansätzen zu neuen Ufern führen kann.

Man wird Vendola nicht vorwerfen können, dass er nicht weiß, wovon er spricht. Er ist alles andere als ein Phantast, seine Karriere ist bei allem linken Revolutionsgeist von bedingungsloser Loyalität zum Staatsapparat gekennzeichnet. Zwei Jahrzehnte lang besetzte er eine Reihe parlamentarischer Ämter und Regierungsposten, gehörte dem Ausschuss für Kultur, Wissenschaft und Bildung ebenso an wie dem Justizausschuss, der Anti-Mafia-Kommission und dem Ausschuss für Umwelt.

Und doch ist er Idealist geblieben, kämpferischer und entschlossener denn je. Und er weiß, wie er die Wähler von morgen erreicht. »Lass Berlusconi das Fernsehen kontrollieren, wir kommen online an die Menschen«, sagt er, der Linksintellektuelle der Internetgeneration: Über Twitter und Facebook verbreitet er seine politischen Visionen und ruft zur Teilhabe am politischen Leben auf. Auf Tuchfühlung mit den Menschen gehen, klare Positionen beziehen und auch dazu stehen: Das ist sein Rezept. Vendola hat keine Berührungsängste. Nach den Sternen greifen und auf Gott vertrauen – kein Widerspruch für Vendola, der aufwuchs mit einem Bild von Papst Johannes XXIII. und einem des sowjetischen Kosmonauten Yuri Gagarin nebeneinander an der Wand. Die Bibel, sagt er, ist für einen Kommunisten wie ihn das wichtigste Buch überhaupt. Anderssein. Nicht, weil es Mode ist, sondern aus Überzeugung.

HEKABE, GEFANGEN

Theaterregisseurin TERESA LUDOVICO hat in
einem Frauengefängnis ein Stück mit Gefangenen
einstudiert. Ihre erste Begegnung mit der Welt
hinter Mauern hielt sie in ihrem Tagebuch fest.
Acht Jahre später blickt sie zurück.

Tagebucheintrag nach dem ersten Besuch im Frauentrakt der Straf-
vollzugsanstalt in Trani, 2002:

Ein Gefängnis zu betreten ist, als ob man abrupt mit dem Vergrö-
ßerungsglas draufginge. Alles wird mit einem Mal messerscharf
sichtbar: Farben, wenige, klare, selbst das Licht, das durch die
Sehschlitze fällt, ist greller. Das Frauengefängnis von Trani ist ein
ehemaliges Konvent, ganz nah am Meer gelegen, ein Meer, das
man spürt, aber das man nicht sieht, von innen.
    Es gibt Orte, die wie dazu bestimmt sind, Menschen einzu-
sperren, Orte, die wie lebende Wesen in der Lage sind, Wehkla-
gen und Gebete in sich aufzusaugen, einem dicken Schwamm
gleich, Orte, die durch das stumme Wehen und Flehen der Bewohner selbst zu Charakteren werden, Orte, so voller Schwere,
dass sie selbst dem unbedarften Besucher eine gewisse Hörigkeit
abverlangen.
    Von dem Augenblick an, in dem du unten an der Pforte läu-
test, bis zu dem Moment, in dem man dir öffnet, fühlst du dich

auf irritierende Weise gehemmt, unwohl, undefinierbar unsicher. Das bröckelt nach und nach ab, nachdem du die Schwelle überschritten hast. Jedes Mal, wenn du wiederkommst, wiederholt es sich von neuem, wie ein Initiationsritus, wieder und wieder ergreift dich dieselbe diffuse Unsicherheit, so etwas wie Angst, einen Fehler gemacht zu haben und in flagranti erwischt worden zu sein. Du gehst über den Lichthof, ein Atrium aus Kalk und Terracotta-Töpfen, bepflanzt mit Limonenbäumen. Überall Vasen, Palmen – kleine, große, mittelgroße. Du steigst die alten steinernen Treppen hinauf, abgeschliffen von der Zeit und vom täglichen Aufwischen der Frauen, die in der konstanten Monotonie Lappen-in-den-Eimer-dann-mit-den-Händen-auf-den-Stein-und-wischen-wischen so etwas wie Frieden für den Geist finden sollen: In kleinen Schritten den Geist befrieden. Aus dem alltäglichen Tun Weisheit schöpfen. Der Speisesaal mit seinen massiven, von Meersalz geweißten Mauern riecht süßlich nach Pasta und Orangenschalen, darunter mischt sich beißend ein bitteres Aroma von Desinfektionsmittel. Girlanden aus Papier in bunten Farben, vom letzten Weihnachtsfest dort hängen geblieben, brechen die Sonnenstrahlen. Staubkörnchen fliegen hin und her, geben dem Papier Dichte und Körper, lassen es wie hauchdünne Engelsflügel erscheinen. Wenn du die Augen nicht schließt, siehst du sie überall herumfliegen, diese Staubkörner, siehst sie wie Schneeflocken auf den Kanten sitzen, kibbeln, tänzeln, fast herabfallen, auf Pfannenrändern und Gläsern, auf den Sträuchern von Pfefferminz und Basilikum.

An diesem Ort wohnt die Scham. Schönheit hat hier keinen Platz, Schönheit ist verboten an einem Ort wie diesem. Und doch ist sie da, schlummert wie die Knollen von Frühlingstulpen in der Erde. Die Schlösser, die Gucklöcher, die Gitter, die Schlüssel gehören zur Natur dieses Gebäudes, das 1700 als Konvent entstanden ist. Die winzigen Zellen, die Stille darin, die trockenen Gesten des Öffnens und Schließens vereinen uralte Gebete und aktuelle Verwünschungen.

Acht Jahre später:

Der Theater-Workshop mit Gefangenen, die mit Theater auf den ersten Blick gar nichts zu tun haben, das ist bis heute eines der faszinierendsten Projekte meiner jüngeren Karriere. »Wie sieht eine Schwerverbrecherin aus?«, habe ich mich gefragt, ehe ich das erste Mal den Fuß über die Schwelle setzte. »Sieht man ihr an, dass sie ihren Mann getötet hat oder ihren Liebhaber?« Die Frauen im Gefängnis von Trani waren tatsächlich Frauen wie du und ich, mal mehr, mal weniger zugänglich, aber insgesamt nicht

sonderbarer als meine Tanten im Süden, mediterran weiblich und auf reizvolle Weise natürlich und ungekünstelt. Ich hatte die Geschichte von *Hekabe und ihre Kinder* für die gemeinsame Inszenierung ausgewählt, eine Interpretation der antiken Troja-Sage. Der Sage nach werden Hekabe, der Königin Trojas, all ihre Kinder genommen, und sie selbst wird mit den anderen Frauen Trojas versklavt. Hekabes Tochter Kassandra sieht als Priesterin all das voraus, doch niemand glaubt ihr. Im Stück schreibt Kassandra ihrer Mutter einen fiktiven Brief, um zu erzählen, was alles passierte, nachdem sie gewaltsam auseinandergerissen wurden. Doch wie herankommen an Frauen, die sich in oft jahrelanger Gefängniszeit einen Panzer zugelegt haben? Frauen, die jede für sich einen einsamen Kampf um Schuld und Sühne kämpfen, die die schlichteste aller möglichen Lebensarten pflegen, eine Mischung aus Überlebensreflex und einem Rest an Menschenwürde.

Es war nicht vorgesehen, dass ich die einzelnen Geschichten der Insassen erfuhr. Und doch fehlte mir so lange der echte Zugang, bis ich sie dazu brachte, jede für sich einen Brief an die Mutter zu schreiben, ähnlich wie Kassandra im Stück, ein erster Kontakt zur Thematik. Sie sollten der Mutter all das schreiben, was sie sich bisher nie zu sagen getraut hatten. Niemand außer mir bekam die anonymen Briefe zu lesen, in erster Linie ging es darum, die Frauen zu öffnen. Erschütternde Zeugnisse privater Schicksale waren diese Briefe, anrührend die Weise, wie sich die Häftlinge in den Schmerz und die Gewissenskonflikte zurückversetzten, sich die qualvoll verdrängte Frage nach dem Warum wieder von neuem stellten, wie unzählige Male zuvor – ohne Antwort.

Schritt für Schritt haben wir uns einander angenähert, Schritt für Schritt sind die Hemmungen gefallen. Erst nur ein Lächeln, dann auch mal ein vertrauensvolles Wort; wie Kieselsteine, die aus einer Mauer rieseln, gaben die Frauen ihren Widerstand auf.

Meine Inszenierung beginnt da, wo sonst der Vorhang fällt, weil alles vorbei ist, denn nach dem Krieg ist nur noch das Nichts. Sie lebt von den echten, menschlichen Tragödien, die hinter den Verbrechen stehen: So bekommt die Kehrseite der Gewalt ein Gesicht, ganz viele Gesichter – ein Chor voller starker, erschütternder, bewegender Geschichten. Spontan denke ich an eine große, schöne Frau um die 30, die als Jugendliche ins Gefängnis kam. Sie war als Kind von ihrem Vater missbraucht worden, irgendwann hat sie ihn umgebracht, ein Teil in ihr ist darüber zerbrochen, ein anderer dem Wahnsinn anheimgefallen. In unserer gemeinsamen Zeit hat sie einen Ansatz gefunden, die Puzzleteile ihrer Seele Stück für Stück wieder zusammenzusammeln. Am Ende war sie eine der überzeugendsten, echtesten Darstellerinnen.

Ich bin Dramaturgin, keine Sozialarbeiterin, ich kann niemanden heilen und niemandem helfen, der hier einsitzt. Dennoch ging es mir auch darum, den Frauen den Stempel von der Stirn zu nehmen. Denn daran, wie es zu den Taten kam und wie die Frauen dort landeten, wo sie heute sind, ist meiner Ansicht nach die Gesellschaft ein ganzes Stück weit mit schuld.

»Jede bringt ein, was sie hat«, habe ich anfangs gesagt, »jede zeigt, was sie kann, niemand wird vergewaltigt.« Ich wollte diesen Frauen nichts aufstülpen. Ich wollte ihrer Kraft, ihrem Schmerz, ihrer Wut und ihrer Trauer eine Ausdrucksebene geben, fern von den üblichen Selbstzweifeln, fern von Moral und erhobenem Zeigefinger. In meinem Stück waren sie nicht die Gebrandmarkten, sie waren die Mit-Leidenden.

Für einen Künstler sind derartige Erfahrungen von unschätzbarem Wert. Denn: Was ist Kunst? Kunst ist, auf die eine oder andere Weise in die dunklen, schwarzen Zonen unserer Psyche vorzudringen. Wie schnell fällt man ein Urteil, warum ein Mensch eine extreme Tat vollbringt, etwa die eigenen Kinder zu töten, oder den Liebhaber oder den Ehemann. Bei den Arbeiten zum Stück wurde mir immer klarer, wie schmal der Grat zwischen Gut und Böse ist. Die Prädisposition zum Extremen steckt in jedem Einzelnen von uns. Ich habe diesen Frauen in die Augen gesehen und mich selbst dahinter erblickt. Das war irritierend, aber auch irgendwie beruhigend, weil das Phantastische, das Extreme, so extrem gar nicht ist. Es ist uns näher, als wir wahrhaben wollen. Gewalt ist etwas Archetypisches, in der Weltliteratur gibt es zahlreiche Referenzen dazu, ich denke nur an die Geschichte der Medea. Ein Stück davon lebt in jeder von uns, ob es uns lieb ist oder nicht. Wir müssen damit leben, müssen mit diesem Teil von uns rechnen, allemal miteinander existieren, denn auch das ist Teil unserer Seele.

Hekabe hat nichts mehr von dem Theater, wie wir es gewohnt sind, es geht um Erfahrungen, um Tragödie im Doppelsinn. Im herkömmlichen Theater kommt der Zuschauer nie so nah an die Innenwelt der Schauspieler heran. Das macht diese Form gleichzeitig fragiler und stärker als herkömmliches Theater, denn was wir spielen, was wir sehen, all das ist echt. Es ist das Leben.

»Jetzt sag mir die Wahrheit«, forderte mich eine Neapolitanerin gegen Ende des Workshops auf: »Du bist doch eine von uns, oder nicht?«

»Was denkst du?«, habe ich sie gefragt.

»Ich würde sagen, ja. Du bist eine von uns.«

ZEREMONIENMEISTERIN
WIDER DEN BÖSEN BLICK

Aberglaube ist weit verbreitet in Apulien.
Die Menschen dort sehen ihre uralten Praktiken aber
ganz in der katholischen Tradition. Die 94-jährige
MARIA CAMPANELLA befreit ihr Dorf vom bösen Blick.

In jedem apulischen Dorf gibt es eine wie sie – wenigstens eine.
Eine, die sich mit all dem beschäftigt, was zwischen Himmel und
Erde geschieht, wenn *Il Signore,* der liebe Gott, nicht hinguckt.
Eine mit der Gabe, von der man hinter vorgehaltener Hand spricht.
»Hexe« führte auf die falsche Fährte, »Wahrsagerin« ist auch keine exakte Bezeichnung, »Medium« trifft es am ehesten. In jedem
apulischen Dorf also gibt es eine wie sie: Maria Campanella, 94,
aus Savelletri/Fasano, Provinz Brindisi. Eine Alte im Dorf hat ihr
diese Gabe vermacht. Wenn es nach ihr gegangen wäre, hätte der
Kelch auch an ihr vorbeigehen können, ein bisschen aus Angst,
dass es zum Fluch werden könnte, wenn man dem Schicksal in
die Karten pfuscht. Doch wächst man bekanntlich mit der Verant-
wortung: Maria Campanella lebt nun schon mehr als ein halbes
Leben lang damit. Wenn die Zeit reif ist, wird sie diese außergewöhnlichen Fähigkeiten weitergeben an eine wie sie – so ist es
immer gewesen.

Über 80 Prozent der Italiener sind römisch-katholisch, was im
Süden strenggläubig heißt. »Einfache Menschen, aber der Kirche
stark verbunden«, wird Don Carmelo, Priester im nächstgrößeren

Ort Fasano, über seine Gemeinde sagen. Erst kommt der Papst, dann der Priester und dann lange nichts, eine einfache Glaubensregel, die das Leben leichter macht, sofern man daran glaubt, dass Gott oder sein Stellvertreter auf Erden schon alles richtet, wenn man sich nur entsprechend gottesfürchtig verhält. In Apulien erlebbarer als anderswo, ist der praktizierte Glaube überaus dinglich. Ekkehart Rotter formuliert in seinem Kunstführer zu Apulien: »Der Bezug zum heilbringenden Gegenstand [ist] immer körperlich. Deshalb muss jedes Kreuz, jede Heiligenstatue angefasst werden.«

Handfest wie der Umgang mit Kirche ist auch der Zugang zu allem Spirituellen drum herum. Über die mitunter abenteuerliche Koexistenz von christlicher Religion und Aberglaube und der Frömmigkeit, die von Verwünschungszauber und Angst vor dem bösen Blick durchsetzt sei, schrieb schon Stendhal in seiner *Reise in Italien*. In der apulischen Provinz hat sich nicht viel geändert seit Napoleons Zeiten.

Maria Campanella, mit ihren 94 Jahren zahnlos und an schlechten Tagen etwas wacklig auf den Beinen, ist Katholikin, so strenggläubig, wie man es dort ist. So ist sie aufgewachsen, und so hat sie ihre drei längst erwachsenen Kinder erzogen. Ihr Ehemann Nicola ist seit 13 Jahren tot, das Porträtfoto steht auf seiner Bettseite, auf blankpoliertem Nachtkästchen, die alte Dame ist allein geblieben. Auch für sie kommt erst der Papst, dann Padre Pio, der in der ersten Hälfte des 20. Jahrhunderts als Kapuzinerpriester in Apulien wirkte und wegen seiner Stigmata als Heiliger verehrt wird. Dann kommt lange nichts, so schlicht und einfach ist das für sie. Wenn sich alle daran hielten, könnte man es dabei bewenden lassen, und Zia Maria hätte ihre Ruhe.

Aber die Welt ist kein Paradies, auch ein kleines Fischerdorf wie Savelletri nicht, in dem der Großteil der Einwohner noch

wie eh und je vom Fischfang lebt. Die Periode, in der hier der Zigarettenschmuggel blühte und einige der Fischer sehr schnell zu sehr viel Geld kamen, lässt man gern unter den Tisch fallen, kein glorreiches Kapitel, zumal die meisten der Zigarettenmillionäre ihren Gewinn ebenso schnell wieder verspielten, wie sie ihn in Händen hatten.

Auch in einem verschlafenen Nest wie diesem, in dem die Jugendlichen stundenlang flippern gehen, in einer von drei Bars auf knapp 2000 Einwohner, weil sie nach Sonnenuntergang gar nicht wüssten, wohin sonst mit ihrer Langeweile; in dem die Frauen, jung und alt, in bunten, mit kleinen Blüten bedruckten Kitteln, Gummischlappen und Lockenwicklern auf Klappstühlen vor ihren Häusern sitzen und schwatzen, gefühlt drei Sommermonate lang, und die Männer sonntagmorgens an der Hauptstraße stehen und gucken, wer in welchem Auto hier durchkommt auf dem Weg zum Mittagessen in einem der Strandlokale in der Gegend … Seit den fünfziger Jahren haben sich nur die Gesichter verändert, sonst nichts. Auch in einem Dorf wie diesem, wo alle zum Leben genug, aber sonst wenig haben, gibt es Neid und Missgunst. Der eine beäugt den anderen, man kann nicht anders, so nah sitzt man aufeinander und so gut kennt einer den anderen.

Die fluchartige, völlig unverhältnismäßige Steigerung dessen ist die Angst vor dem bösen Blick. Und die ist allgegenwärtig. Horrorgeschichten über Menschen, gelähmt und krank von dem Fluch, den man nicht wieder loswird, gehören zum Kulturgut und könnten das Gemeinwesen ernsthaft belasten. Wenn es nicht Menschen wie Maria Campanella gäbe, die derlei Ungemach mit ihren Waffen bekämpfen. Die ein bisschen nachhelfen, wo Gott nicht zu helfen scheint, oder dort korrigieren, wo die Dinge aus dem Ruder gleiten und sich das Böse gegen das Gute durchzusetzen droht. Zia Maria betet es weg, all das Böse, die alte Dame betet jeden Tag und schließt eine ganze Reihe von Menschen in ihre Gebete ein.

Sie glaubt fest daran, dass sie die Atmosphäre bereinigt, wenn sie unzählige besessene Geister befreit, häufig auch ohne das Wissen der Betreffenden. Auf ihre eigene, bescheidene Weise sorgt sie so für eine bessere, reinere Welt. Das Amt wiegt schwer: Die Fälle, um die sie sich kümmert, schüttelt man nicht so einfach ab. Sie ist müde.

Nach dem Essen will sie sich ein bisschen hinlegen, ein Blick auf die Uhr an der Wand: Etwas Zeit ist noch. Mit beiden Händen drückt sie sich vom Küchenstuhl hoch, streicht die Tischdecke glatt, holt aus der Speisekammer einen blanken Suppenteller und eine Karaffe mit Wasser. Aus dem Schränkchen neben sich zieht sie ein silbernes Fischmesser, legt es sorgfältig daneben, außerdem eine Tasse mit Olivenöl. Dann hält sie inne, atmet tief durch und wird augenblicklich so, wie sie da steht – in Küchenkittel, Haarnetz, Schlappen und Nylonstrümpfen –, von der betagten Hausfrau zur Zeremonienmeisterin.

Was Maria Campanella tut, kann man sich nicht »trocken« zeigen lassen. Wer bei ihr über die Schwelle kommt, tritt ein in eine andere Welt. Wie ein unerklärlicher, obgleich unwiderstehlicher Sog ist der Zauber, der von den Dingen ausgeht, die hier ausgebreitet liegen, mit einer hochkonzentrierten, ein wenig teuflisch blinzelnden Zia Maria aufgerichtet davor. Alles, was sie wissen möchte, ist der Name des Besuchs. Dann gießt sie das Wasser in den Teller und sperrt die Welt aus für einige kostbare Minuten. Mit großer Geste gibt sie sich etwas Olivenöl in die Handhöhle, nimmt das Messer zur Hand und lässt mit der Spitze drei Tropfen ins Wasser gleiten. Sie beginnt murmelnd zu beten, eine Litanei von Gebeten ist es, die sie rezitiert, sie bittet Padre Pio und durch

ihn Gott, dass diese Seele – wenn sie denn besessen ist – befreit werden möge von dem Fluch, der auf ihr lastet.

Einige Minuten wirkt die alte Dame völlig in sich versunken. Kein Geräusch stört die kleine Zeremonie in der Küchenkapelle. Das Leben draußen scheint innezuhalten: Savelletri, Apulien, Italien, das alles ist plötzlich hier auf diesem Teller, den sie nicht aus den Augen lässt, gesammelt in drei Tropfen Olivenöl.

Zia Maria hat keinen Stundenlohn. Wer der guten Seele von Savelletri etwas geben möchte, macht es nach Gutdünken. Die Signora hat alles, was sie braucht, sagt sie, nach außen mag es wenig scheinen, doch sie fühlt sich reich, das Leben hat es doch gut mit ihr gemeint. Mädchenhaftes Strahlen: Für heute hat Maria ihre Mission erfüllt.

KEINE HALBEN SACHEN

Priester mit Leib und Seele ist DON CARMELO.
Seine 74 Lebensjahre hat er voll und ganz seinen
Schäfchen gewidmet.

Don Carmelo Carparelli hält zweimal am Tag in seiner Chiesa Rosario oder nebenan in der kleineren Chiesa della Madonna delle Grazie im Zentrum von Fasano/Brindisi Gottesdienst. Der Geistliche war im Vatikan unter Johannes Paul II. 15 Jahre lang mit für die katholische Jugendarbeit verantwortlich. Heute schreibt er nebenbei für den Pressedienst der katholischen Kirche. Ein vielbeschäftigter Mann, der es nicht mit Bagatellen zu tun hat: Die Dinge, die Don Carmelo Sorgen bereiten, stellen in Apulien tatsächlich ein großes Problem dar. Die Arbeitslosigkeit der 15- bis 24-Jährigen lag 2009 bei offiziell 32 Prozent, die Dunkelziffer ist noch ungleich höher. Die Selbstmordrate ist mit 0,17 Suiziden auf 100.000 Bewohner noch eine der niedrigsten in Italien; der Durchschnitt liegt bei 0,25 auf 100.000. Dafür sind die Süditaliener fleißige Kirchgänger: 44,9 Prozent besuchen wenigstens einmal die Woche ein Gotteshaus, im italienischen Durchschnitt sind es 36 Prozent.

Priester wie Don Carmelo spielen im sozialen Gefüge eine wichtige Rolle. Die Kirche ist in Apulien eine feste Größe, sie ist traditionell sehr nah dran am Menschen, viel näher etwa als die

Staatsregierung, die weit entfernt vom Alltag erscheint – der Priester dagegen nimmt am Leben der Menschen tatsächlich teil. In
aller Regel kommt er selbst aus der Region, er kennt dieses Land
von Kindesbeinen an und weiß, wie man die Menschen hier am
besten erreicht. Das macht Don Carmelo zur Symbolfigur für eine
Kirche, die aus vielen winzigen Diözesen und uralten Gemeinden
besteht, eine Kirche, die beseelt und belebt wird von Gottesmän-
nern wie ihm, mit großem Herzen, großzügig und hochdynamisch.
Menschen, die es noch verstehen, wirklich zuzuhören, weil ihre
Gemeinde ihr Leben ist, mit allen Konsequenzen.

»Ach, der Süden … belächelt man uns im Norden. Als wären wir
nicht ganz richtig im Kopf, weil wir so fest und sicher in unserem
Glauben sind. Gott ist nicht gütiger hier, Gott ist überall gleich –

aber er spürt, wer ihn sucht, und im Süden wird er mehr gesucht. Die Menschen hier mögen einfach sein, aber sie sind sehr, sehr gläubig. Sie besitzen nicht viel, führen ein schlichtes Leben, aber sie sind zufrieden – jedenfalls, wenn sie Arbeit haben und am Ende des Monats alle Rechnungen bezahlen können.

Die kirchlichen Traditionen und Feste sind den Menschen hier heilig. Die würden niemals angetastet, auch wenn es eine ganze Menge sind übers Jahr; aber all die Prozessionen, die Gottesdienste, die regelmäßige Kommunion und die Beichte geben den Menschen hier Sicherheit im Glauben und im Leben. Und die Pforte meiner Kirche ist immer offen. Alle naselang kommt jemand vorbei, grüßt, erzählt, was es Neues gibt. Familiengeschichten zumeist. Die Menschen hier wissen, dass ich einer bin, der einen nüchternen Blick auf die Dinge hat, der versteht, was für Probleme sie haben, und der sie ernst nimmt.

Die jüngeren Leute kommen eher abends, nach der Messe, sie wissen, dass sie mich dann unter den Arkaden um die Ecke finden. Dort setzen wir uns zusammen und reden über dies und das. Ich fange nicht sofort an, von Kirche zu erzählen, wir sprechen erst mal über ganz alltägliche Dinge, über die Liebe, übers Heiraten, einfach über Dinge, die sie interessieren und angehen. Über das, was im Fernsehen so läuft oder im Kino, Schauspieler … Es kommt gut an, dass ich mich ein bisschen auskenne. Wir plaudern wie alte Freunde über dies und das, ich versuche, mich in sie hineinzuversetzen und so etwas wie ein Bruder für sie zu sein. Dafür haben sie Vertrauen zu mir, denn ich spiele mich nicht als Vater auf. Natürlich mache ich mir nichts vor: Es sind einige darunter, die nicht halb so harmlos sind, wie sie tun, die immer mal wieder etwas rauchen oder auch andere, gefährlichere Drogen nehmen. Es wäre sinnlos, hier den Erzieher zu spielen, das nähmen sie mir auch nicht ab. Ich frage lieber, was sie so vorhaben,

wo sie später am Abend noch hingehen, mit wem sie sich treffen, sage höchstens, dass sie auf sich aufpassen sollen.

Sicher lade ich die jungen Leute auch zur Beichte ein, wenn es gerade passt; ich weiß, dass unter Druck gar nichts geht. Einige nehmen das Angebot früher oder später tatsächlich an, andere kommen einfach wieder unter den Arkaden vorbei, um mich zu sehen. Viele von ihnen haben zu Hause einfach niemanden, der ihnen richtig zuhört.

Die jungen Leute sind mir wichtiger als alles andere. Es tut mir weh, zu beobachten, wie sie auf den falschen Weg geraten. Warum verpfuscht ihr euer Leben, ihr seid doch die Eltern von morgen, frage ich mich. Sicher, was ihnen fehlt, sind echte Vorbilder, sie haben oft nichts, an das sie sich wirklich halten können, nichts, woran sie wirklich glauben. Aber nur wer Glauben und Hoffnung hat, findet den richtigen Weg; ohne Hoffnung gibt es keine Zukunft.

In einem Ort wie Fasano übernimmt der Priester diese Rolle. Eheleute kommen, wenn sie Beziehungsprobleme haben und einen Vermittler suchen oder auch nur ein offenes Ohr. Andere brauchen Rat, weil sie nicht mehr wissen, wie sie ihre Steuern bezahlen sollen. Macht euch nicht kaputt mit diesen Sorgen, sage ich denen, es gibt die Caritas und viele andere Möglichkeiten; wer in Not ist, wird nicht fallengelassen von der Kirche. Irgendwie komme ich an die Leute heran. Schwieriger ist das Thema Selbstmord. Davon gab es zu viele in der letzten Zeit, überall in Italien, aber auch hier in der Region. Ein Priester muss auch hier einen Ansatzpunkt für ein Gespräch finden, für die Freunde und Verwandten des Verstorben da sein, zu erklären versuchen, was er sich selbst nicht erklären kann. Aber was kann man den Eltern erklären, außer, dass irgendetwas für einen Augenblick ausgesetzt haben muss, sonst nimmt sich ein Mensch nicht das Leben. Denn wir Menschen haben unser Leben nicht in der Hand – Gott ist Herr über Leben und Tod. Das ist sicher kein Trost, aber darin steckt ein Funken Hoffnung, und darin sehe ich meinen Hauptjob.

Die Messe, die Predigt sind nicht alles, sagt der Heilige Vater; die Messe beginnt da draußen, da findet das Leben der Gläubigen statt, da sind die Dinge, die sie angehen, um die sie sich sorgen, ihre Hoffnungen und Sorgen und Ängste. Ein Priester darf sich nicht zurücklehnen, ein Priester hat nie frei.

Zum Gottesdienst kommen vielleicht 10 oder 15 Prozent. Aber wohin gehen die anderen 90? Jesus hat sich auf die Suche nach den verlorenen Schäfchen gemacht, dasselbe muss ein Priester tun. Er muss rund um die Uhr ansprechbar sein, und wenn er ausgeht, muss er wenigstens eine Notiz an der Kirchtür hinterlassen, wann er wieder zurück ist. Ein Priester, der abends die Füße hochlegen und fernsehgucken will, hat seinen Job verfehlt.

Der Geistliche darf nicht in seiner Kirche sitzen bleiben und warten, bis die Schäfchen vorbeikommen, er muss ausschwärmen und die Menschen in Not aufspüren. Er muss sich die Zeit nehmen, sich ernsthaft mit den Menschen auseinanderzusetzen, auch mit denen, die nicht gläubig sind. Bleib aufrichtig, sage ich solchen, dann werden sie nach deinem Tod vielleicht sagen, dieser Mensch war nicht gläubig, aber sie werden vor allen Dingen sagen: Dieser Mensch ist aufrecht gewesen.

Gott hat den Priester aus Liebe angerufen, das ist ein Geschenk, das größte und schönste, das es gibt. Wenn der einmal Ja gesagt hat zu der großen Liebe Gottes, gibt es keine halben Sachen mehr, dann muss er sich voll und ganz einbringen und alles geben, was er hat, auch wenn er abends auf Knien nach Hause kriecht und Gott um Kraft für den nächsten Tag bitten muss.«

METAMORPHOSEN

GIANRICO CAROFIGLIO, 49, ist vom Mafiajäger
zum Bestsellerautor geworden. Seine Heimat ist Bari,
die Hauptstadt Apuliens, die in den letzten
Jahrzehnten eine tiefgreifende Verwandlung
durchgemacht hat.

Vom *dolce far niente* träumt Gianrico Carofiglio schon sein ganzes
Leben lang: »Mein perfekter Tag? Ein Frühlingstag hier in Bari.
Ich stehe früh auf, arbeite drei, vier Stunden. Dann kaufe ich mir
ein schönes Buch und gehe essen, allein, denn an meinem perfek-
ten Tag sind meine Frau und die Kinder außer Haus. Ein Kaffee
mit einem Freund danach und dann ins Kino. Am helllichten Tag,
nachmittags, einen schönen Film zu sehen, ist ein Luxus, den
man kaum in Worte fassen kann. Abends bin ich bei Freunden
zum Essen und falle dann irgendwann zufrieden ins Bett.«

Mit Ruhe war spätestens Schluss, als er 1986 Richter wurde;
auch als Staatsanwalt in Foggia am nördlichen Rand Apuliens
blieb für Kino an Nachmittagen keine Zeit. Die Beraterfunktion
in der Antimafia-Kommission des Parlaments und seit 2008 noch
die Verpflichtung als Senator des Partito Democratico in Rom
brachten immer nur *noch* ein Amt, *noch* eine Aufgabe. Er ist ein
Arbeitstier, das gibt er zu, ein Idealist obendrein.

Der Starjurist aus Bari hat immer mit Passion gelesen, die Zeit
nahm er sich immer. Er liest alles, von Thomas Mann über zeit-

genössische amerikanische Autoren bis hin zu Zen-Schriften, als Ablenkung und Entspannung. Seit zehn Jahren schreibt er auch selbst und ist vor allem als Krimi-Autor einem größeren Publikum bekannt. Angefangen hat er mit Fachliteratur, Abhandlungen über die Psychologie der Zeugenaussage und Verhörtechniken, ein Thema, das ihn schon immer faszinierte. Aber wie andere davon träumen, irgendwann im Leben eine eigene Bar zu eröffnen, ließ ihn die Idee nicht los, einen Roman zu schreiben, einen Roman über das Leben, das ihn umgab.

Der Sellerio Verlag in Palermo sprang sofort an auf die Geschichte des Anwalts und Strafverteidigers Guido Guerrieri, ein faszinierend widersprüchlicher Typ mit Ecken und Kanten. Einer, der erst vollends am Boden liegen muss, bevor er neu aufsteht und dann erst zu seiner wahren Kraft findet. Das Leben hat ihn gelehrt, was Gut und Böse ist, er ist kein Moralist, sondern einer, der mit dem Machbaren lebt und zu seinen eigenen Schwächen stehen kann. »Das Gute sehe ich als das Ergebnis einer mühseligen Entscheidung, die Kraft kostet, als Ergebnis eines inneren Kampfes, denn wir Menschen sind von vornherein weder gut noch böse, sondern wir sind das, was zu tun wir uns entscheiden«, sagte Carofiglio mal in einem Interview.

Sellerio also nimmt an, und fünf Lektoratsdurchgänge später hält der Staatsanwalt, Richter und Antimafiajäger seinen ersten eigenen Roman in Händen: *Testimone Inconsapevole,* auf Deutsch unter dem Titel *Reise in die Nacht erschienen.* Die Kritiken überschlagen sich, der schlagfertige, smarte Vorzeigejurist aus dem abgelegenen Bari wird zum Liebling der Feuilletons. Seine *Reise in die Nacht* macht das Genre des Gerichtsthrillers in Italien bekannt und salonfähig. Für sein Debüt wird Carofiglio mit zahllosen Literaturpreisen geehrt, das Buch wird in zahlreiche Sprachen übersetzt, fürs Fernsehen verfilmt, Fortsetzungen erscheinen. Der

Held wird zum Kult, weil er so menschlich ist, so herrlich unspektakulär, ein Anwalt, dessen berufliche Qualitäten eher grundsolide als genial sind. Seine Spaziergänge in der Mittagspause, die Aufregung vor einem wichtigen Gerichtstermin, Tau-feuchte Nachtwanderungen durch das zwielichtige Bari vecchia sagen mehr aus über die Lebensart des Südens als ein Kulturführer.

Wenn Gianrico Carofiglio an einem Spätsommerabend durch Bari führt, gibt es einen Aperitif im Viertel Madonnella, am alten Hafen von Bari. Diese Gegend gefällt ihm besonders, weil sie für die Verwandlung der Stadt steht. »In den dunklen Ecken stehen noch immer die Nutten, ganz wie in alten Zeiten. Aber davor haben elegante Restaurants, Geschäfte, Cafés eröffnet – eine sehr lebendige, eklektische Mischung.« Die Fischhändler von San Giorgio sind außer Sichtweite, die Mussolini-Bauten entlang der Promenade glühen von letzten Abendsonnenstrahlen; auf dem breiten Fußgängerweg spazieren Hunderte unter Straßenlaternen vorbei oder fahren Rad oder Rollerblades, das ist ein bisschen Miami Beach mitten in Süditalien. Ältere Herrschaften sitzen am Rand, Frauen fächern sich mit Papierfächern Luft zu, die Männer halten die Nasen in den Wind. Es ist kurz nach acht Uhr abends, die Stadt dampft vom Tag noch nach. Vom angrenzenden Park duftet eine erfrischende Brise herüber, vermischt sich mit süßlichem Kräuteraroma, irgendwo in der Nähe wird Fisch auf offenem Feuer gegrillt.

Hier verläuft die Grenze zwischen der mittelalterlich-verwinkelten Altstadt und der großzügig angelegten, modernen Neustadt, die vor der Wende zum 20. Jahrhundert entstand, mit Planquadraten aus Straßen und Häuserblöcken und Grünflächen. Eine Gegend, die ans Marais-Viertel in Paris erinnert, mehrstöckige Palazzi mit hübschen, schmiedeeisernen Balkons und Holzläden. Eine Gegend, die nach dem verheerenden Großbrand des Petruzzelli-

Theaters im Jahr 1991 knapp 20 Jahre lang brachlag, ein Mahnmal mitten im Herzen der Stadt, sinnbildlich für die lahmen Mühlen süditalienischer Bürokratie. Seit 2010 hat die Stadt ihr Theater wieder, äußerlich eine exakte Kopie dessen, was es einst war, mit ein bisschen mehr Pappmaché als früher, es wäre sonst unbezahlbar gewesen. Nun leuchtet sie wieder, die Prachtstraße Corso Cavour.

Im Gespräch räumt er ein, dass Bari für ihn längst ein Symbol für die Stadt an sich geworden ist. Er hat ihr ein eigenes Buch gewidmet, *Eine Nacht in Bari*. Der grobe Handlungsstrang: Drei Schulfreunde, die sich nach vielen Jahren wiederbegegnen und eine irritierende, hochemotionale und zerstörerisch ehrliche Nacht miteinander verbringen. Der grobe Plot stand früh fest, dann ließ er sich treiben, und die Charaktere verselbständigten sich. »Das habe ich häufig erlebt beim Schreiben: Die Figuren bemächtigen sich der Szenerie, ich folge ihnen stolpernd, staunend und neugierig darauf, wo sie landen werden.«

Rückblenden – Erinnerungen der drei Jugendfreunde, die letztendlich weniger verbindet, als sie sich gegenseitig weiszumachen suchen – zeigen das alte, dunkle Bari, einen furchteinflößenden Nicht-Ort, der sich wandelt, hin zur modernen, internationalen Hafenstadt.

Bari – für Carofiglio ist hier alles drin. Nach Neapel ist die Hauptstadt Apuliens zweitgrößte und -wichtigste Stadt Süditaliens, eine pulsierende Grenzstadt, Nahtstelle zwischen Mittelitalien und dem tiefen Süden mit einem Hafen, der Ost und West verbindet. Das macht Bari weltoffen und gastfreundlich, fortschrittlicher als andere Städte des Mezzogiorno.

Zum Thema Mafia oder deren apulischem Arm, der Sacra Corona Unita, die seit 1983 viel mit Osteuropa operiert – da geht es um Drogenhandel, Zwangsprostitution und illegale Einwanderung –, will er nicht sprechen, wenn er in Zivil unterwegs ist. Man hat ihn aber schon sagen hören: »Wenn wir die Camorra von Neapel und die 'ndrangheta in Kalabrien nicht hätten, könnten wir Statistiken wie in Skandinavien vorweisen. In Sizilien und hier in Apulien haben wir die Lage endlich besser im Griff.« Und daran hat der Jurist Carofiglio keinen unbedeutenden Anteil.

Er muss hier leben, hier wird er gebraucht, Bari ist seine Stadt. Nur manchmal, da will er mit alledem nichts mehr zu tun haben; dann will er schreiben, nur noch schreiben, irgendwo auf der Welt, nur weit, weit weg, an einen Ort, wo ihn niemand kennt, ohne Personenschutz, den er in Bari über Jahre brauchte. Berlin und New York gefallen ihm, nach Australien wollte er immer schon mal. Die latente Unzufriedenheit mit etwas, das eigentlich ziemlich perfekt ist, sich seiner selbst nie 100 Prozent sicher zu sein, sich nie rundum wohl zu fühlen, ist für Carofiglio so etwas wie ein Glücksprinzip. »Das Unperfekte, der ständige Zweifel, das Hadern mit sich und der Welt und das unablässige Verbessernwollen, ist meiner Ansicht nach die höchste Form von Moral. Perfektion dagegen, realisierte Perfektion, ist der Anfang vom Ende.«

FAMILIENANGELEGENHEITEN

Apulische Gastfreundschaft zeichnet die Muolo-Familie aus. Und apulischer familiärer Zusammenhalt. VITTORIO MUOLO, 44, hat es sich nicht ausgesucht, Hotelier zu sein. Doch er genießt die Anregungen, die das Zusammensein mit seinen Gästen bietet.

»Der erste *caffè ristretto* am Morgen, an der Bar mit Piero, dem Manager, wenn die Gäste noch schlafen; ein Gang durch den Garten, wo seit Sonnenaufgang geschnitten und gegossen wird; ein Gruß in der Küche, wo es nach Kuchen fürs Frühstück duftet und Donato, der Chefkoch, mit dem Patisserie-Kollegen die Tageskarte bespricht. Dafür lebe ich.« Vittorio Muolo ist Hotelmanager. Aber obwohl ihm dieser Job so viel bedeutet, ist er doch eher zufällig dort gelandet, aus Pflichtgefühl der Familie gegenüber, und: Er wusste auch nichts Besseres. Er hat das Beste draus gemacht.

Dass seine Hotels, die »Masseria Torre Coccaro« und die »Masseria Torre Maizza«, quasi konkurrenzlos geblieben sind seit der Eröffnung von Coccaro vor knapp zehn Jahren – Maizza kam vor vier Jahren dazu –, dass Gäste von überall her kommen, darunter unzählige zufriedene Stammgäste, auch illustre wie Miuccia Prada, Hugh Grant und Asia Argento, weil er etwas Genuines geschaffen hat, ist für ihn Produkt harter Arbeit. Manchmal bitten Journalisten ihn um ein Interview, weil sie, wenn sie Muolo ein bisschen kennen, seine Handschrift in alldem zu spüren meinen.

79

Dann winkt er nur ab: Da ist die ältere Schwester, die in Mailand lebt und mindestens genauso viel Anteil am Erfolg der Masserien hat wie er. Und der jüngere Bruder, der sich um das Management und das Personalwesen kümmert. Da ist die Mutter, diejenige mit dem eigentlichen Stilgefühl in der Familie. Und nicht zuletzt der Vater, weit gereist und weltgewandt, der das alles überhaupt möglich machte. Vito, den alle Don Vito nennen, der Gott und die Welt kennt und auch mit über siebzig noch mit seiner Statur und seinem gebieterischen Habitus allen rundum Respekt einflößt, ununterbrochen telefoniert, organisiert, kontrolliert. Dabei ist er doch längst im wohlverdienten Ruhestand.

Die Masseria ist eine Familienangelegenheit, da drängt sich niemand in den Vordergrund, eine Ehrenregel des Südens; zudem ist Vittorio Muolo ein Star darin, anderen eine Bühne zu geben.

Eitelkeit zeichnet ihn nicht aus, Bequemlichkeit ebenso wenig: Muolo lebt auf dem Fünf-Sterne-L-Grundstück in einem winzigen Zimmer mit noch winzigerem Fenster, die Kochschule des Hotels gleich nebenan und ein Bad – das Nötigste. Eine Schlafstätte ist das, *un appoggio,* Muolo braucht nicht mehr. Er ist ohnehin pausenlos auf den Beinen, zur Hochsaison von Juni bis September fast 20 Stunden täglich. Ein Geschwader an Reinigungsfrauen, die täglich zweimal 39 Zimmer putzen, macht zwischendurch auch sein Bett und putzt das Bad, sonst verlangt der Capo nichts von all dem, was er seinen Gästen bietet, für sich selbst. Muolo lebt in Coccaro, er gehört einfach dazu, wie der Maulbeerbaum vor der Kapelle oder der Taubenturm auf dem Dach. Ohne ihn wären Coccaro und Maizza zwei von unzähligen Fünfsterne-Hotels auf der Welt, luxuriös zweifellos, aber gesichtslos. Das gibt Vittorio Muolo den beiden fußläufig voneinander entfernten Masserien zwischen Bari und Brindisi mit seinem unermüdlichen Engagement.

Arrangierte Ehen, heißt es manchmal, sind stabiler, dauerhafter als Liebesheiraten, weil die Leidenschaft langsam wachsen und daraus Liebe werden kann. Für Muolo sind die Masserien eine arrangierte Ehe. Nach dem abgebrochenen Wirtschaftsstudium fügte er sich nolens volens mangels Altnernativen, als die Luxushotelerie zum Familienbusiness wurde. So begann sein Verhältnis zu Coccaro. Er verkörpert so etwas wie die moderne Version des *massaio,* des Herbergsvaters, der einen der ur-apulischen, traditionellen Gutshöfe führte, wie sie zu unzähligen die südliche Adriaküste vom Gargano bis hinunter nach Santa Maria di Leuca säumen, teils bewohnt, teils verlassen, teils wie Coccaro und Maizza restauriert und einem neuen Zweck – oft der gehobenen Hotellerie – zugeführt. Muolo ist Gastgeber von Natur, der nach Bedarf mal den Touristenguide, mal den charmanten Tischherrn

verkörpert und bei alldem knallharter Händler bleibt, weil sonst nichts hängenbleibt.

»Masserien sind lebendige apulische Geschichte«, sagt Muolo und erklärt die Rolle der Gehöfte im Laufe der Geschichte Apuliens, als Türken, Sarazenen, Griechen, Normannen, Spanier das Land am Stiefelabsatz eroberten, vom Ionischen Meer aus oder dem Adriatischen, von allen Seiten. Masserien waren die ersten Beobachtungs- und Verteidigungsposten an der Küste, häufig mit Wachtturm und Brieftauben ausgestattet, Inseln der Gastfreundschaft und zugleich Zufluchtsorte in Krisenzeiten. Wenn Gefahr drohte, wurden alle Türen verrammelt, und die Bewohner lebten wochen- und monatelang von dem, was im Garten wuchs, Tiere mit Menschen Tür an Tür. In Friedenszeiten dagegen blühte die Landwirtschaft in und um die Masserien herum, es wurde Vieh gehalten, Gemüse und Obst angebaut, Oliven wurden kultiviert: Die Olivenbäume um die Masserien der Muolos herum sind rund 800 Jahre alt.

Bei allem Idyll: »Der Laden muss laufen, die Zimmer müssen belegt sein, die Mannschaft muss Arbeit haben«, sagt Muolo. Er selbst hat genügend anderes gemacht in seinem Leben, um zu wissen, dass dies nicht der einzige Weg ist, Geld zu verdienen. Wenn es nach ihm gegangen wäre, wäre er in Los Angeles geblieben vor zwanzig Jahren, nach ein paar Auslandssemestern. Dann würde er heute vielleicht Häuser bauen oder mit Immobilien handeln, das hat er alles schon gemacht, auch als Hilfskraft in einem neuseeländischen Schlachthof gearbeitet oder als Wildhüter in Schottland, weil kein anderer für den Job zur Verfügung stand, als der Vater dort ein altes Schloss kaufte und ein Jagdhotel daraus machte. Es ging aber eben nicht darum, was er wollte, sondern darum, was gut für die Familie ist. »Auch daraus kann Leidenschaft wachsen«, so Muolo.

Nur an einen festen Wohnsitz will er sich nicht gewöhnen, im Wurzelnschlagen sind die Muolos nicht gut. Vittorio kennt von Kind an ein Leben aus dem Koffer. »Häuser sind Gebrauchsgegenstände, die haben wir nach Bedarf gekauft und verkauft, wir waren immer unterwegs«, erklärt er zu seiner Kindheit und Jugend. »Den Sommer über zog die ganze Familie mit Sack und Pack in die Masseria bei Taranto um, in eine völlig andere Welt als die in Bari, wo wir zur Schule gingen, mit Kühen, Schafen, einem Dutzend Hunden. Ein Paradies für Kinder …« Ein Großbauernhof war das, mit 15 Angestellten, Melonen-, Orangen und Zitronenplantagen, die Türen immer offen für Familie, Verwandtschaft, Freunde, Geschäftspartner. Wenn er sich an einen Ort als Zuhause erinnert, ist es die Masseria bei Taranto.

Sonst war die Familie viel auf Reisen: Neuseeland, England, Südafrika, Amerika, Persien, Irak, Syrien, Balkan. Dort kaufte der

Vater Leder, um es innerhalb Italiens weiterzuverkaufen. »Ich erinnere mich, wie ich mit zwölf zum ersten Mal nach Istanbul kam. Wir haben nicht einen touristischen Ort gesehen, sondern landeten gleich da, wo das Leder vertickt wurde. Das waren nicht die schicksten Gegenden, meist nahe an den Schlachthöfen, wo es oft bestialisch stank und alles andere als sauber war«, erklärt Muolo. Das Unternehmen ist der Globalisierung zum Opfer gefallen, die Familie suchte nach neuen Geschäftsfeldern, eröffnete erst ein Jagdhotel in Schottland und kehrte dann zurück nach Apulien. Don Vito lebt heute den Sommer über mit Ehefrau Rosa im Turm von Torre Maizza und im Winter in der Stadtvilla in Monopoli, wo in den Etagen darüber auch Tochter Margareta und Sohn Domingo jeweils mit Familie leben. Im Untergeschoss wäre Platz für Vittorio; doch der zieht es vor, Tag und Nacht in Coccaro zu sein. Besser so, für den Fall, dass etwas Unvorhergesehenes passiert, entschuldigt er sein für einen Pugliesen allemal atypisches, familienflüchtiges Verhalten. Er wird überall heimisch, nur zu Hause nicht.

Dennoch ist da Heimatstolz: eine tiefe Verbundenheit, die in der Geschichte verwurzelt ist, insbesondere der Geschichte der Gegend um seine Masserien herum, die er sich und seinen Gästen Schritt für Schritt zur Heimat gemacht hat und macht. »In Apulien ist Vergangenheit allgegenwärtig. Ganz hier in der Nähe führt die antike Via Appia vorbei, die Rom mit Brindisi verbindet. Für die Kreuzritter auf dem Weg nach Jerusalem war dies das letzte Stück Landweg. Apulien diente immer als Tor zum Orient, von hier aus zogen die Ritter nach Griechenland aus, in die Türkei.« Die beiden Masserien der Familie gehörten früher der Familie Palmieri aus Neapel, die an zwei Kreuzzügen teilgenommen hat und deren Wappen drei Palmen zeigt.

Auf dem Gelände von Torre Coccaro wird noch wie in alten Zeiten Obst und Gemüse angebaut, da wachsen Feigen, Orangen,

Pfirsich- und Aprikosenbäume und in den Beeten dazwischen Auberginen, Erdbeeren, Tomaten, Fenchel und Spinat, daneben dicke Sträucher von Rosmarin, Basilikum und Oregano. Über eine Pergola wuchert im Sommer weißer und roter Wein. Das Olivenöl, das in den Küchen seiner Häuser Verwendung findet, stammt aus eigener Ernte rund um die Masserien. Der *orto* wird bewässert und bewirtschaftet wie im Mittelalter, als ihn Mönche anlegten – zum Eigenbedarf. Nur, dass sich heute ein Gärtner und eine Handvoll Gehilfen um die Arbeiten kümmern, die übers Jahr anfallen: aussäen, beschneiden, ernten – für den Hotelbedarf.

Und Muolo, der Ortswechsel braucht wie ein Lebenselixier und niemals und nirgends heimisch werden will, holt sich das, was er vermisst, ins Haus. »Was ich am meisten an meiner Arbeit mag, ist die Abwechslung«, sagt er. »Angestellte, Gäste, ständig ist irgendwo irgendetwas zu tun, rund um die Uhr herrscht Trubel. Den Sommer über lerne ich ein paar tausend Leute kennen, Menschen aus aller Welt, mit interessanten Lebensgeschichten.« Schon als Kind haben ihn Menschen fasziniert. »Wenn ich mit meinem Vater unterwegs war, als er noch mit Leder handelte, trafen wir auf die interessantesten Typen. Verrückte, kreative, wache Leute, mit denen man etwas anstellen konnte. Faszinierend, diese Extreme, so etwas reizt mich bis heute. Allem Aufpolierten, Glattgebügelten, Künstlichen kann ich nichts abgewinnen.«

Das hat ihn geprägt und prägt auch seinen Umgang mit seinen Gästen. Er konzentriert sich zunehmend darauf, seine Gäste persönlich kennenzulernen; es interessiert ihn, wen er im Haus hat, und er kann aus allen Begegnungen etwas mitnehmen.

Muolos Offenheit zeigt sich auch in der Ausstattung der Masserien. Sie sind elegant gestaltet, mit viel Liebe zum Detail, zeugen von den vielen Reisen und Erfahrungen unterwegs. Integriert sind verschiedenste Kunstwerke, die mitnichten Allerweltsgeschmack sind. Er selbst definiert seinen Stil nicht, wählt nach eigenem Geschmack und stellt ganz unterschiedliche Richtungen zusammen. »Alles, was sich in und um die Masseria findet, gefällt mir in irgendeiner Form.« Dennoch hängt er nicht so an den Dingen, dass sie nicht zur Diskussion gestellt werden dürften. Gibt es Klagen, stellt er auch mal etwas weg. »Im Gegenteil: Ich freue mich über den Austausch und darüber, dass sich jemand Gedanken zur Ausdrucksform des Künstlers macht.«

Das ist es, was er sucht und was es ihm leichter macht, auf die Menschen zuzugehen, obwohl er sich selbst eigentlich als schüchtern bezeichnet. »Ich möchte verstehen, wie andere Menschen denken, mich austauschen und von der Gedankenwelt anderer profitieren.« Mit Künstlern tauscht er sich besonders gern aus und organisiert daher auch Kunstevents in seinen Häusern, lädt Künstler für ein paar Wochen *in residence* ein, wie den international renommierten norditalienischen Komponisten und Künstler Roberto Paci Dalò, der in einem eigenen Kunstwerk aus den Taubentürmen der beiden Masserien begehbare Ruhe- und Entspannungszonen machen will. Antonio Riello, der sich selbst als »Ideendompteur« bezeichnet, hinterließ ein Werk; Pierluigi Calignano ebenfalls. In diesen Tagen arbeitet seine Landsmännin Loredana Di Lillo an einem künstlerischen Erlebniswohnwagen, der auf dem Golfplatz von Maizza Platz finden soll.

Die Universalität, die Vittorio Muolo auszeichnet, findet sich auch in der Organisation der Hotels. Muolo, wie schon vor ihm sein Vater Vito, sieht seine Angestellten als Teil eines großen Ganzen, einer großen Familie, fast wie ein antiker *pater familias*. Viele der Beschäftigten sind bereits seit Jahren dabei: »Unsere Angestellten wissen, was wir erwarten, und umgekehrt. Nur so kann es funktionieren. Sie sind mit ihrer Arbeitskraft das Wertvollste, was wir haben. Wir versuchen, ihnen etwas zurückzugeben: Sicherheit und das gute Gefühl, Teil eines großen Ganzen zu sein. Ohne dieses Geben und Nehmen wären die anstrengenden Sommer nicht zu schaffen.« In Coccaro ist Service eine Kunstform. Die wichtigste Regel für den Kontakt mit den Gästen lautet für Muolo: »Verstellt euch nicht, bleibt natürlich. Den Gästen macht ihr nichts vor, die durchschauen euch, versucht ihr, ihnen etwas vorzuspielen.«

So kombiniert Vittorio Muolo in seinen Masserien auf eigenartige Weise unverfälschte apulische Authentizität mit Weltoffenheit und einer gewissen Art urbaner Moderne. Und ist dabei vielleicht auch auf einer sehr persönlichen Suche. Ihm ist es wichtig, mitzuwachsen mit seinen Projekten, sich konstant fortzuentwickeln. Nur ein bisschen Wehmut klingt durch, wenn er sagt: »Für die Pflege echter Freundschaften fehlt oft die Zeit. Du kennst Hunderte von Menschen, aber niemanden richtig. Das ist ein bisschen wie Folter. Vielleicht wünsche ich mir bei allem, was ich tue, dass mein Gegenüber einen Schritt auf mich zugeht, die Neugier und die Geduld auf sich nimmt, hinter die Fassade zu blicken.«

APULIEN IST ÜBERALL

Wer glaubt, im Film Toskana zu sehen, nur weil
Toskana draufsteht, irrt. Gut möglich, dass er Apulien
sieht. Und gut möglich, dass LEONARDO ANGELINI das
organisiert hat. 55 Jahre alt, preist er als Location
Manager Apulien als Filmkulisse an. Und findet auch
noch das Abwegigste.

»Piselli!«

Leonardo Angelini hat in seinem Leben noch nicht so viele
gesehen wie in den vergangenen Wochen. »Man ahnt nicht, wie
viele verschiedene Sorten es gibt«, erklärt der Location Manager,
der für einen landesweiten TV-Spot ganz Apulien nach dem eigen-
willigen Gemüse absucht. Die ganz simplen, handelsüblichen findet man überall, aber die Produzentin in Mailand stellt sich etwas
ganz Fragiles vor, ein hellgrünes Pflänzchen mit ganz zarten, fast
durchsichtigen Schoten, wenn möglich in einem verwunschenen
Märchengarten mitten im Nirgendwo … Seine großen, dunklen
Augen wandern gen Himmel, Leonardos Gesicht – ebenmäßig,
schmal und angenehm reif – ist für ein, zwei Augenblicke nur
noch Bart. Dann ein schelmisches Lächeln: »Auch dieser Erbsen-
garten wird sich finden.« Dann erzählt er:

»Der Ort, an dem du geboren wirst, hat Einfluss auf dein weiteres
Leben. Das Itriatal, meine einzige wahre Heimat, ist für mich die

Essenz des italienischen Südens. Dieses malerische Land, bebaut mit Steinen, die mit stiller Strenge der Geschichte trotzen, inmitten von Olivenbäumen, gezeichnet von der Zeit, hat mich zu dem gemacht, der ich bin.

Hier hat alles angefangen: umherstreifen, die Augen auf Wanderschaft schicken, Herz und Seele anfüttern mit all dem, was diese unvergleichliche Gegend zu bieten hat. Das ist nach wie vor ein unschätzbarer Luxus für mich. Jeden Tag entdecke ich Neues, Außergewöhnliches, Phantastisches: Felder, so einsam, dass man bis zum Horizont keine Straße und keinen Telefonmasten sieht. Straßen und Wege, uralt und unbefestigt, die scheinbar ins Nichts führen und irgendwann unversehens in einem winzigen Weiler enden. ›Le Puglie‹, haben wir in der Schule gelernt. Der historische Plural steht für die Vielfalt Apuliens, das 400 Kilometer lang ist und von Norden nach Süden die Welt im Kleinformat darstellt: Gargano und Salento, die Murgen und der Ionische Bogen, die Capitanata und das Itriatal; schließlich all die Städte mit ihrer ganz eigenen Persönlichkeit, dem eigentümlich hellen Stein, ihren Riten und Traditionen. Das alles zusammengenommen ist Apulien, ein faszinierendes Ganzes, ein in sich perfektes Land.

Ich habe Agrarwissenschaften studiert und bin für eine Anstellung bei der EU viel im italienischen Süden herumgekommen. Eines Abends, zwischen Kaffee und Grappa in einer Bar in Cisternino, stehe ich zufällig neben einem Produzenten aus Mailand. Der Mann ist auf der Suche nach einem Drehort für Werbeaufnahmen und schon etwas verzweifelt, weil er beim besten Willen nicht findet, was der Kunde sucht, nämlich eine Art Klischee-Toskana, unberührt und romantisch, zu Beginn des vergangenen Jahrhunderts. Im Spot soll sich dort die Geschichte einer klassischen italienischen Bauernfamilie abspielen. Konkret ging es ihm um deren Tomatengarten.

In der Toskana war fast Winter, und es wuchs nicht mehr viel, ganz zu schweigen von jungen Tomaten. Auch in Apulien war nicht mehr wirklich Sommer, aber einen Garten wie den beschriebenen würde ich finden, und die Tomaten dazu könnte man organisieren. Der Produzent gab mir einen Freifahrtschein, er spürte wohl, dass ich wusste, wovon ich sprach. Es dauerte nicht lange, und ich hatte den Paradiesgarten aufgespürt, irgendwo in der Nähe die passenden Tomatenstauden aufgetrieben und genau dorthin gepflanzt, wo sie laut Drehbuch stehen sollten. Den Rest Toskana-Flair haben professionelle Bühnenbildner und Profis gebastelt. Meine Feuertaufe wurde ein Überraschungserfolg: Die Auftraggeber aus Mailand und der Regisseur aus den USA waren begeistert. Und ich fasste den Entschluss, meinen Verwaltungsjob an den Nagel zu hängen und aus meiner Leidenschaft einen Beruf zu machen.

Seitdem suche und finde ich immer wieder Tomatenstauden mit dicken, fleischigen Tomaten dran zu allen möglichen und unmöglichen Jahreszeiten – und noch eine ganze Menge Dinge mehr: Mit gewissen Stolz möchte ich behaupten, dass ich dieses Land wohl besser kenne als die meisten. Und Anfang der neunziger Jahre, als ich anfing damit, hatte über Italiens Grenzen hinaus noch kaum jemand je von Apulien gehört. Apulien war unauffällig, unscheinbar, insbesondere in dieser Branche: Auf der Landkarte des italienischen Films war der Stiefelabsatz kaum existent, vom internationalen Kino ganz zu schweigen. Wenn es mal um den Süden ging, dann spielte sich die Szenerie doch meist in Neapel oder Sizilien ab. Man sah schon mal einen Schwenk über die Trulli-Stadt Alberobello, auch Bari, Trani, Otranto wurden immer mal wieder zitiert, doch für vollwertige Kinoproduktionen wie aktuell Ferzan Özpeteks *Mine vaganti* (dt.: *Männer al dente*) schien

das Land am südöstlichen Ende Italiens lange Zeit nicht spannend genug.

Etwa gemeinsam mit mir fingen junge Regisseure wie Sergio Rubini, Edoardo Winspeare und Alessandro Piva damals an, sich in Apulien nach Drehorten umzusehen, entdeckten nach und nach das Potenzial der Region und ihrer Bewohner, die so Große wie Rodolfo Valentino hervorbrachte: der Stummfilmstar stammte aus Castellaneta, Provinz Tarent. Über Apulien sprach man zunehmend als einem unberührten und authentischen Ort in Italien, wo man die unglaublichsten Filmsets inszenieren konnte.

Das war meine Chance, ich war in Goldgräberstimmung. Das Meer, die Oliven, die alten Gutshöfe, diese Dinge sehen alle. Ich spüre die Juwelen dazwischen auf: eine leerstehende Masseria inmitten wild bewachsener Steinacker; einen salentinischen Strand, der den Seychellen Konkurrenz machen könnte; eine Toskana, weit weg von den Crete Senesi, ein Griechenland weit weg von den Kykladen, ein Sidi Bou Saïd außerhalb Tunesiens und eine Südtiroler Stube weit weg von den Dolomiten. Der Rest sind Emotionen, auch das gehört zum Geschäft, denn der schönste Ort ist nichts ohne das entsprechende Marketing. Ich habe gelernt, mich in meine Kunden hineinzuversetzen, zwischen den Zeilen zu lesen, wonach sie im Einzelfall wirklich suchen, und sie dann mit einem Fundstück zu überraschen, einem Ort, einem Gesicht, einem Phänomen, das man nirgends sonst fände und das alle Erwartungen toppt.

Du musst gleichzeitig abschätzen können, was du von deinen Landsleuten erwarten kannst und darfst. Das fängt bei so einfachen Dingen wie Pünktlichkeit an, die die Pugliesen in der Regel doch eher großzügig auslegen, und endet bei harten Verhandlungen mit einem Bauern, der vielleicht nicht mal ein Fernsehgerät zu Hause hat, aber auf stur schaltet, wenn eine Produktionsfirma für den Dreh auf seinem Acker nicht entsprechend Bares fließen lässt. Du wirst zum Wunschschwiegersohn aller Mütter ringsum, deren Söhne potentielle Informanten sind, weil du immer mal wieder ein kleines Geschenk mitbringst, um die Freundschaft zu erhalten. Du könntest fünfmal täglich irgendwo warm essen, gute, ehrliche pugliesische Küche wie hausgemachte Orecchiette oder Riso, Patate e Cozze, den klassischen Auflauf aus Reis, Kartoffeln und Miesmuscheln, weil in Apulien quasi rund um die Uhr Essenszeit ist und man Gäste nur ungern mit leerem Magen wieder losschickt.

Dennoch darfst du bei aller Freundschaft nie die berufliche Distanz verlieren, sonst machst du dich vor dem Kunden unglaubwürdig, was den Job nicht selten zur Gratwanderung macht. Ich arbeite seit Jahren an der richtigen Mischung aus Privatheit und Professionalität.

Es gibt allerdings Jobs, bei denen Freundschaften fürs Leben entstehen, weil man mit Menschen auf einer Wellenlänge arbeitet, und zwar an einem Projekt, das es wert ist. Die Vorbereitungsarbeiten und schließlich der Dreh zu *Maria, ihm schmeckt's nicht,* der Verfilmung von Jan Weilers erfolgreichem Roman, waren so ein Thema: Deutscher verliebt sich in Deutsch-Italienerin und entdeckt durch sie den wilden Süden, eine sympathische Geschichte, die in Deutschland schon als Buch ein breites Publikum begeisterte. Als ich hörte, dass bereits nach Drehorten gesucht wurde – von der Toskana war die Rede, aber noch war nichts entschieden –, klemmte ich mich spontan ans Telefon. Ein paar Tage und zahlreiche Foto-E-Mails später hatte die Münchner Produktionsfirma Feuer gefangen. An Apulien hatte bis dato niemand gedacht. Apulien: Dort konnte man erheblich günstiger produzieren. Warum eigentlich nicht?

Ich weiß noch, wie ich Neele Leander Vollmar, die Regisseurin, und ihr Location-Besichtigungsteam im Kleinbus durch Ostuni, Specchia, Castellaneta, Locorotondo, Oria, Gravina di Puglia kutschierte. Das Campobasso im Roman hätte überall sein können, doch für die Dreharbeiten brauchte es das eine oder andere Detail, das man eben nicht an jeder Ecke fand. Tagelang kurvten wir durch die Landschaft, bei drückender Hitze und zickender Klimaanlage, wir sehnten die Abende förmlich herbei, wenn es ein bisschen kühler wurde, wir an langen Tafeln über Antipasti und Primitivo die Fotos besichtigten und über den Film, Gott und Apulien philosophierten.

Dass die Wahl am Ende auf Gravina in den Murgen fiel, dass der eigentliche Stress damit erst richtig losging und dass es in dem verschlafenen Ort für Wochen und Monate kein anderes Thema gab als die Deutschen und ihren Film, dass der Set zum Exempel für apulische Gastfreundschaft wurde und nach Abschluss der

Dreharbeiten keiner der Beteiligten wirklich nach Hause wollte, ist inzwischen Geschichte. Erst kürzlich bin ich dort wieder einmal durchgekommen. Auf der Straße rufen die Kids noch immer ›Zzzilenzzzzioooo per favooooore!!!‹, wie der Kollege am Set mit seinem Megafon. Für mich ist das ungleich bewegender als die Nachricht vom Box-Office-Erfolg des Films.

›Eine wahre Invasion!‹ schimpfte ein Bekannter neulich über den neuerlichen Run auf Apulien als Film- und Werbe-Kulisse. Aber Invasion? Im Zusammenhang mit Apulien ist das Wort zu abgenutzt, als dass es zu irgendwas taugte, finde ich. Invasionen waren hier doch auch immer für etwas gut.«

Die jungen, zarten Erbsenpflänzchen hat Leonardo Angelini am Ende natürlich noch gefunden, im Itriatal, unweit von seinem eigenen zu Hause in Speziale bei Cisternino; eine Gemüsehändlerin hat ihm den Tipp gegeben.

TROTZDEM APULIEN

Programmkino-Regisseur EDOARDO WINSPEARE macht Filme über Apulien und seine Menschen. Selbst hatte er die Region als junger Mann in Richtung große, weite Welt verlassen. Zurückgeholt hat ihn eine Frau.

Eigentlich gehört Edoardo Winspeare hier nicht mehr her. Trotzdem wird er bleiben, einer Frau wegen: »Celeste ist die Frau meines Lebens«, sagt er mit gelassener Selbstverständlichkeit. Celeste aber ist so in Apulien verwurzelt, dass sie die Gegend nicht verlassen wird. Also ist auch der Regisseur zurückgekehrt in den Landstrich, den er viele Jahre zuvor verlassen hatte.

Im eigenen Land, heißt es, gilt der Prophet nichts. Ein wenig trifft das auch auf Edoardo Winspeare zu, seine Arbeit ist in seiner süditalienischen Heimat wenig bekannt, und das, obwohl seine Filme im apulischen Alltag angesiedelt sind. Aber der Regisseur aus dem Salento, dem Absatz des italienischen Stiefels, macht kein Unterhaltungskino, wie es seine Landsleute lieben; sondern er ist ein genauer, kritischer und äußerst sensibler Beobachter der Welt um sich herum. Aus dem, was er sieht, macht er neues, passioniertes italienisches Kino, Festivalkino, in das er lokale Künstler integriert und das mit Laienschauspielern arbeitet, die Dialekt sprechen – tiefsten süditalienischen Dialekt, der dem Spanischen ähnelt. Und wenn er nicht ohne Stolz anmerkt, dass

Celeste problemlos Spanisch versteht, ohne dass sie je herausge-
kommen wäre aus ihrem *paese,* klingen Bewunderung und Liebe
durch – und so etwas wie Besitzerstolz. Er hat sich Celeste ausgesucht und damit das Leben, das er heute führt.

Ein Leben in aller Einfachheit, unter einfachen Menschen
auf dem Land. Genau hier findet er die Inspiration, die er für seine Arbeit sucht. In der Bar um die Ecke beispielsweise, wo sich
die Männer nicht in Worten, sondern in Gesten unterhalten, wo
jedes Augenrollen, jedes Zungenschnalzen eine Bedeutung hat.
Wenn Winspeare vorführt, wie das geht, wenn er sich spontan in
verteilte Rollen wirft und gestikuliert, wie es die Salentini am
Tresen immer tun, sowie eine junge Frau reinkommt, dann könnte man meinen, sein Leben sei ein einziges großes amüsantes
Theater.

Doch es gibt auch die andere, weit weniger spielerische Seite.
Wer Winspeare-Filme sieht, darf nicht zimperlich sein. Es geht

um Leben und Tod und alles Menschliche und Unmenschliche, was dazwischen passiert: große Gefühle, die ohne jegliche Effekthascherei im Innersten treffen – nichts für schwache Nerven. Von einer Bruderbeziehung etwa erzählt sein Film *Sangue Vivo,* der eine stark, der andere schwach. Einer repräsentiert alte Traditionen, während der andere sich mit Drogen über den Verlust der Kultur hinwegtröstet. *Galantuomini* skizziert die Freundschaft zwischen zwei Kindern, aus der später zwischen den Erwachsenen Liebe wird. Sie entstammen unterschiedlicher sozialer Herkunft, und der Film fragt danach, was beim Zusammentreffen zwischen dem Bürgerlichen und der Bauerstochter passiert. Vor allem zeigt er, wie sich ein einfaches Mädchen zur Patin entwickelt. Diese Geschichte geht vor allem deshalb so sehr unter die Haut, weil er auf wahren Begebenheiten beruht. *Il Miracolo* wiederum ist ein modernes Märchen über das Wunder der Liebe. Winspeare konstruiert jedoch einen veritablen Psycho-Trip darum herum.

In allen Filmen Winspeares steckt Italien. Ein Italien, das man nicht auf Postkarten sieht. Eines, das gefährlich mafiös unterwandert ist, wo es um Erpressung geht und Drogenschmuggel, um Grobheit und rohe Gewalt. Diese Art von Kino ist nicht unbedingt Kino, das Kasse macht.

In Corsano, wo Winspeare mit Celeste, der kleinen gemeinsamen Tochter Arcangela und Andrea, Celestes Sohn aus erster Ehe, wohnt, weiß wohl kaum jemand um den prominenten Mitbürger. Wer den Regie-Künstler zu Hause besuchen will und im Ort nach dem Weg fragt, trifft auf Achselzucken. Anders, wenn man nach Celeste fragt, denn die kennt fast jeder, wie überhaupt so gut wie jeder jeden kennt, so klein ist der Ort – und so herrlich provinziell, dass er sich auch durch einen adligen Filmregisseur nicht aus der Ruhe bringen lässt.

Celestes Familie ist eine typisch apulische, salentinische Familie, die zusammenhängt wie Pech und Schwefel. Wer bei den beiden zum Essen eingeladen ist, lernt mit großer Wahrscheinlichkeit die ganze Sippe kennen.

Wer gerade da ist, schnippelt nebenbei Karotten, rührt im Linseneintopf, füttert das Baby oder schenkt Wein ein, was aus Tradition Winspeares Rolle ist oder die seines Winzerbruders Francesco, wenn der im Haus ist. Dann kommt immer ein großer Topf dampfende Pasta mit Miesmuscheln auf den Tisch. Eine alltägliche Situation für die Familie, der Gast wird selbstverständlich integriert und der quäkende Säugling ohne Scheu am Tisch gestillt. Die Familie zum Essen ausführen zu wollen, wäre ein Affront, schon der Vorschlag gehört sich nicht, Bewirtung ist ein Stück Lebensart in Apulien.

Danach kommt ein Besucher nicht umhin, Winspeares Familie einen Besuch abzustatten, auch um das Castello der Familie zu sehen, wo der Regisseur aufgewachsen ist. Seit 1869, seit den Zeiten seines Großvaters, ist die Familie im Salento beheimatet. Die Wurzeln der streng katholischen Familie liegen in Yorkshire, daher der englische Name eines der ältesten Adelsgeschlechter Apuliens. »Barönchen« wurde Winspeare als Kind von den Arbeitern gehänselt, wenn er in den Ferien von seinem Vater aufs Feld geschickt wurde, »um das wahre Leben kennenzulernen«. Seine enge, nahezu sozialromantische Verbindung zum apulischen Land- und Bauernleben rührt aus dieser Zeit. Depressa, wo das Familienanwesen und das Weingut Castel di Salve liegen, ist keine zehn Kilometer entfernt. Winspeare ruft nicht an, ehe er hinfährt. Irgendwie ist es eben doch auch noch sein zu Hause. Und auch, wenn sein Bruder nicht da ist, bittet er ins Schloss, das an einem Regentag etwas von Canterville hat. Drinnen ist es jedoch heimelig, im Salon bullert der Kamin, große Fenster schaffen lichtdurchflutete Räume.

Im Schloss wird der Filmregisseur wieder zum Kind. Er rauscht durch die Flure, öffnet links und rechts hohe Türen, preist wie ein Marketender all die Stücke an, die, von Liebhaberhand über Generationen gesammelt, in Regalen, Schubladen, Vitrinen stehen. In einem Salon zieht er eine Schublade auf, wühlt darin wie in einer Spielzeugkiste und gräbt die Fahne der sozialistischen Freiheitskämpfer unter Garibaldi aus. »Das hat mein Vater alles aufbewahrt, ein leidenschaftlicher Sammler von so ziemlich allem«, erklärt er. Er stellt die Mutter vor, heute die einzige Bewohnerin und Hausherrin im Schloss, die sich freundlich grüßend gleich wieder verabschiedet.

Als Teenager wurde er auf ein Internat geschickt, nach Florenz, weil er so ein Wildfang war und endlich Disziplin lernen sollte und weil seine Sprache, da er mit dem Vater italienisch, mit der Mutter französisch und deutsch, mit den Arbeitern auf dem Feld ihre Sprache sprach, ein krudes Kauderwelsch aus Französisch und tiefstem salentinischen Dialekt war. Bis zum Universitätsabschluss in Moderner Literatur ist er dort geblieben. Die Wildheit konnte ihm jedoch nicht ausgetrieben werden. Im Gegenteil: Er bemerkte, dass ihm das Unterwegssein gefiel. Winspeare sollte seiner salentinischen Heimat für Jahre fernbleiben: Filmhochschule in München, ausgedehnte Fotoreisen in die USA, nach Russland, in die Anden, mal mit dem Jeep, mal auf dem Pferderücken oder zuletzt zu Fuß durch Peru. Kaum ein Land der Erde, in dem er nicht war. In Depressa sah man ihn kaum noch, und als der Vater 2002 verstarb, wurden seine Besuche noch sporadischer.

So wirkt er ein bisschen wie ein Fremdkörper im eigenen Elternhaus, auch wenn er es ganz selbstverständlich präsentiert wie einen kleinen skurrilen Jahrmarkt. Winspeare liebt das einfache Landvolk, die Ehrlichkeit, die ungekünstelte Art der Menschen. Als Mensch – nicht als Baron – tief verwurzelt in Apulien, hat er es sich zur Lebensaufgabe gemacht, zu ergründen, was die apulischen Bauern denken, woran sie glauben, wie sie sprechen, was sie umtreibt. Und der Film ist sein Ausdrucksmittel geworden: »Über das Kino fühle ich mich in die wahre Identität eines Ortes ein. Viele Orte versteht man, aber es gibt wenige, die man wirklich spürt. Mit der Kamera nähere ich mich dieser Essenz eines Ortes behutsam an, beleuchte seine Existenz, widersprüchlich und schön, gehasst und geliebt. Das alles packe ich in Einstellungen, Fotos und Bewegungssequenzen, die ans Unterbewusstsein appellieren. Dafür braucht es keine sonderlichen Konstruktionen und intelligenten Plots. Die unvorhergesehenen Dinge, die ›Stotterer der Vernunft‹ machen etwas interessant. Und auf echte Emotion muss man manchmal geduldig warten.«

Pizzicata, der auf Filmfestivals von San Sebastián bis San Francisco lief, war sein erstes, international wahrgenommenes Heimatbekenntnis. In einem Interview beschrieb er das Projekt: »Seit ich 1990 den Dokumentarfilm *San Paolo e la Tarantola* gedreht habe, hat mich ein Fieber gepackt, von dem ich mich noch immer nicht erholt habe und mich niemals ganz erholen werde. Diese sehr ansteckende Krankheit heißt *pizzicata.* Es handelt sich dabei um einen Tanzrhythmus aus dem Salento, dessen Musik die Menschen in Trance versetzt. Seit Jahrtausenden wird sie dazu eingesetzt, Kranke zu heilen, die von der Tarantel gebissen worden sind.«

Die Hauptperson, Cosima, das Bauernmädchen, in das sich der Protagonist verliebt, wird von Chiara Torelli gespielt. »Chiara ist eine wunderschöne Frau und eine wunderbare Schauspielerin. Aber sie ist eine Bürgerliche wie ich, aus wohlhabender Familie, aufgewachsen in behüteten Verhältnissen, das spürt man in jeder Szene.« Der Regisseur kannte Celeste noch nicht, seine *donna*

salentina, die Essenz mediterraner Weiblichkeit. »Celeste ist echt wie ein apulischer Olivenbaum, ein Feigenkaktus, tief verwurzelt in dieser Erde.« Eine Frau, die die Regeln bestimmt, festsetzt, wie weit sie geht und wann sie bereit ist, alles zu geben und sich vollständig zu verlieren; so etwas kann man nicht spielen, das muss man *sein,* aus tiefstem Herzen.

SURREALES SILBERGRÜN

Der Florist GIUSEPPE ARMENISE kreiert moderne
Blumenarrangements. Nichts geht für ihn über die Olive,
denn: »Wir Pugliesen sind wie diese Oliven.
Kein Menschenschlag, der sich leicht umwerfen lässt.«

Man könnte meinen, man sei am Set des *Käfig voller Narren*, wenn
man den Blumenladen »Botlea« in Bari betritt: In der Auslage ist
so viel zu erkennen wie von Nachtclubs am Tage; teure Limou-
sinen parken schräg im Eingang und legen den Verkehr in der
Via Giuseppe Bozzi und drum herum lahm, weil Damen in hohen
Schuhen bequem ein- und aussteigen wollen; der schon leicht
hysterische Ladenbesitzer steht am blankpolierten Tresen, telefoniert an drei Telefonen gleichzeitig, um Auslieferungstermine zu
koordinieren, hantiert nebenbei mit Bergen von Seidenpapier und
verteilt Luftküsse an seine nach Chanel duftenden Kundinnen.

»Die Botlea ist eine Blume, die, wenn sie verblüht, Schmetter-
linge anzieht. Darin steckt Bewegung, Veränderung, Anziehungs-
kraft. Diese Dynamik gefällt mir«, begründet Armenise die Wahl
des Namens für seinen Laden.

Auch er hat eine Verwandlung hinter sich: vom Ordnungs-
hüter hin zum Blumenkünstler, extremer geht es kaum. Das Si-
cherheitsbedürfnis des Vaters habe er befriedigen wollen, sonst
wäre er niemals auf die Idee gekommen, Polizist zu werden, doch

viele Männer seiner Familie sind oder waren Uniformträger, im Staatsdienst oder beim Militär, mit gutem finanziellen Auskommen. Aber Sohn bleibt Sohn, er passt sich an, umso mehr, wenn er wie Armenise damals noch zu Hause wohnt – in Apulien keine Seltenheit.

Armenise ist froh, dass das für ihn vorbei ist; er denkt nicht gern daran zurück, so wenig hatte diese Phase mit dem zu tun, was er sein wollte.

Wegzugehen aus Apulien kam für ihn nicht in Frage: »Wenn man mich verpflanzte, würde ich meine Identität verlieren. Wie ein Olivenbaum: Den darf man auch nicht einfach woanders hinsetzen.« Als der Leidensdruck unerträglich wurde, probte er dennoch den Aufstand, begann ein Kunststudium. Eine kleine Revolution war das zu Hause. Doch auf Irritation folgte Einsicht: Als Armenise seine Blumen-Boutique eröffnet, bietet der Vater ihm seine Unterstützung an. Er spürt, dass es seinem Sohn ernst ist, und weiß zugleich, dass der Sohn es allein nicht schaffen kann: Auch das ist apulischer Familiensinn.

Wenn Giuseppe Armenise heute den Blumenschmuck für Hochzeiten herstellt, in stundenlanger Arbeit Blüte für Blüte arrangiert oder nach dem Fest mühevoll alles wieder abbaut, sind die Eltern nie weit. Nicht selten kommt es vor, dass Armenise durch die Welt reist, auf Kundensuche oder auf Messen, und die Eltern kümmern sich um das Geschäft.

Bis zu hundert Hochzeiten pro Jahr dekoriert der Star-Florist von seiner Kunstwerkstatt in Bari aus, eine logistische Meisterleistung, zumal auch in Apulien vorwiegend in den Sommermonaten geheiratet wird. Es gibt Wochen, in denen er sich zu Hause im Trullo bei Fasano kaum mehr blicken lässt, weil er im mit Blumen beladenen Bulli irgendwo zwischen Trani und Gallipoli steckt oder im Studio Dekorationen entwirft – Ausgefallenes für anspruchsvolle Kundschaft. Seine Kreationen aus Blumen, Blüten und Blättern, kunstvoll zu Gestecken und Blütengemälden arrangiert, sind auffallend individuell, häufig in Kombination mit Glas, Eisen, Keramik. Das scheinbar Unpassende passend zu machen: Das ist seine Spezialität. »Ich mag den Gedanken, dass eine Blume grobes Material verschönert, etwas Hartes weicher macht«, sagt er über seine Pflanzen-Kunstwerke und dass er es liebt, sich immer wieder neu zu erfinden, Neues auszuprobieren, den Kunden Ausgefallenes anzubieten.

Sosehr er es liebt zu experimentieren, gibt es doch ein Material, das er allen anderen vorzieht und, wenn irgend möglich, in jeden Hochzeitsschmuck mit einbezieht: die Pflanze, mit der er sich selbst vergleicht, das Wahrzeichen Apuliens – die Olive. Gut ein Viertel apulischer Erde ist damit bedeckt, etwa 60 Millionen Pflanzen vom Gargano bis nach Santa Maria di Leuca, das sind 40 bis 50 Prozent aller Ölbäume Italiens. Vom Menschen vermutlich ab etwa 4000 v. Chr. in den Gegenden des heutigen Syrien und Kreta systematisch kultiviert, schließlich im 6. Jahrhundert vor Christus von den Phöniziern über Griechenland nach Süditalien gebracht, wurde die Olive im Lauf der Geschichte weitergezüchtet und veredelt. Ihr Öl diente sowohl als Speiseöl als auch als Schönheitselixier. Der Kranz aus ihren Zweigen galt als hohe Auszeichnung, Ölzweige wurden zum Symbol des Friedens. Gallipoli war vom Barock bis ins 19. Jahrhundert der führende Umschlagplatz für Olivenöl als Rohstoff, bis nach Skandinavien und Russland wurde das Öl apulischer Oliven verschifft, als Lampenöl und Tran-Ersatz.

Armenise holt von den Blumenbörsen der Welt so Exklusives und Kostspieliges wie japanische Kirschknospen nach Bari, verarbeitet Strass, Silber und Gold ebenso wie Wellpappe und Zellophan und schwärmt dabei von der schlichten, immergrünen

Pflanze wie von einem Lebenselixier: »Das intensive, fast surreale Silbergrün der Blätter ist pure Energie für mich«, sagt er. »In Apulien findet man Exemplare, die fast 1000 Jahre alt sind, rund um Fasano stehen die ältesten, dicksten und knorrigsten«, so Armenise. Beeindruckende Olivenlandschaften gibt es auch rund um Ostuni und Conversano, alte Sorten wie die Coratina und die immer seltener werdende Ogliarola zumeist. Bäume wie Kunstwerke, die unter Schutz stehen und weder verpflanzt noch gefällt werden dürfen. Die Oliven sollen um jeden Preis der Nachwelt erhalten werden. »Jeder einzelne dieser Stämme ist unzählige Male beschnitten, geschält und gestopft. Generationen von Bauern haben daran ihre Spuren hinterlassen, der Stamm hat sich immer wieder verwachsen. Sie scheinen am Boden zu liegen, weil sie sich den Winden immer wieder gebeugt haben, aber sie sind fest und stark. Ein Olivenbaum kann vom Blitz getroffen werden und jahrelang aussehen wie abgestorben, aber irgendwann sprießt das Grün wieder.« Diese unerschöpfliche Energie ist immer wieder auch in dem Volk zu spüren, das dieses Land am Rand Europas bewohnt. »Wir Pugliesen sind wie diese Oliven. Kein Menschenschlag, der sich leicht umwerfen lässt. Mag sein, dass wir Probleme haben. Aber wir rappeln uns immer wieder auf.«

CORSO 10
KATJA BÜLLMANN
Apulien

1. AUFLAGE IM OKTOBER 2011,
NEUAUSGABE SEPTEMBER 2014
© CORSO IN DER VERLAGSHAUS RÖMERWEG GMBH
RÖMERWEG 10, D-65187 WIESBADEN

© FÜR DIE FOTOGRAFIEN: GIOVANNI TROILO
EINIGE DER BILDER ENTSTANDEN URSPRÜNGLICH IM AUFTRAG
DER ZEITSCHRIFTEN »D LA REPUBBLICA DELLE DONNE« UND »GEO ITALIA«.
WIR BEDANKEN UNS BEI BEIDEN FÜR DIE GROSSZÜGIGE
ÜBERLASSUNG UND DIE UNKOMPLIZIERTE ZUSAMMENARBEIT.
AUSSERDEM BEDANKEN WIR UNS HERZLICH BEI MARCO WALDIS
FÜR SEINE HILFE IM ZUGE DER DRUCKVORBEREITUNG.

GESTALTUNG:
GROOTHUIS. GESELLSCHAFT DER IDEEN UND PASSIONEN MBH,
WWW.GROOTHUIS.DE
GESETZT AUS DER FAIRFIELD
LITHOGRAFIE: EDELWEISS PUBLISH, HAMBURG
GEDRUCKT AUF SCHLEIPEN FLY DURCH GUTENBERG BEUYS, LANGENHAGEN
UND GEBUNDEN VON INTEGRALIS, HANNOVER
PRINTED IN GERMANY. ALLE RECHTE VORBEHALTEN
ISBN 978-3-7374-0705-2

MEHR ÜBER IDEEN, AUTOREN UND PROGRAMM DES VERLAGES
FINDEN SIE AUF
WWW.CORSO-WILLKOMMEN.DE